Karl Hartfelder

Festschrift zur fünfhundertjährigen Stiftungsfeier der Universität Heidelberg

Karl Hartfelder

Festschrift zur fünfhundertjährigen Stiftungsfeier der Universität Heidelberg

ISBN/EAN: 9783743613591

Hergestellt in Europa, USA, Kanada, Australien, Japan

Cover: Foto ©ninafisch / pixelio.de

Weitere Bücher finden Sie auf **www.hansebooks.com**

Festschrift

zur

fünfhundertjährigen Stiftungsfeier

der

Universität Heidelberg

veröffentlicht

von dem

historisch-philosophischen Vereine
zu Heidelberg.

Mit Beiträgen von A. Harkfelder,
G. Weber, W. Oncken, C. Lemcke, W. Wundt, H. Holtzmann
und A. v. Kirchenheim.

Leipzig
Verlag von Wilhelm Engelmann
1886.

Der historisch-philosophische Verein zu Heidelberg, welcher dort den einzigen wissenschaftlichen Vereinigungspunkt zwischen Gliedern der Hochschule und Männern der Praxis bildet und über den beschränkten Kreis der Fachwissenschaften hinaus Anregung zu geben bestimmt ist, tritt mit vorliegender Schrift zum zweiten Male vor das wissenschaftliche Publikum.

In dieser Veröffentlichung hofft er durch die vorangeschickte statistische Übersicht ein lebendiges Bild seiner Thätigkeit und einen Einblick in den Geist seiner Wirksamkeit zu gewähren.

Die beigefügten Abhandlungen aber, welche teils dem Fachmann Neues, teils weiteren wissenschaftlichen Kreisen Interessantes zu bieten geeignet sind, können, da sie zur größeren Hälfte von früheren Mitgliedern verfaßt, zugleich für das Gefühl geistiger Zusammengehörigkeit derselben mit dem gegenwärtigen Vereine Zeugnis ablegen.

von Kirchenheim,
Docent der Rechtswissenschaft, d. Z. Sekretär des historisch-philosophischen Vereins zu Heidelberg.

Inhalt.

Kronik des Vereins.
Seite
I. Vorbemerkung I
II. Verzeichniß der Vortragenden I
III. Ueberſicht der Vorträge II

Abhandlungen.
I. Der Humanismus und die Heidelberger Klöſter. Von Karl Hartfelder   3
II. Deutſche Fürſten und Kleinſtaaten vor hundert Jahren. Von Georg Weber 21
III. Heidelberger Erinnerungen aus ernſter Zeit. Von Wilhelm Onden   49
IV. König Ludwig I. von Bayern. Von Carl Lemcke 61
V. Ueber die phyſikaliſchen Axiome. Von Wilhelm Wundt 87
VI. Das Problem der Geſchichte der Auslegung. Von Heinrich Holtzmann 100
VII. Die Univerſitätsbotenanſtalten des Mittelalters. Von A. von Kirchenheim 118

Kronik des Vereins.

I. Vorbemerkung.

Der historisch-philosophische Verein zu Heidelberg — daselbst häufig als „Montagsgesellschaft" bezeichnet — wurde am 7. Februar 1863 durch die Herren Dr. Wundt und Lic. Hausrath ins Leben gerufen. Er ist seitdem — abgesehen von einer kurzen Unterbrechung vom Sommer 1884 bis Sommer 1885 — regelmäßig thätig gewesen, wofür die einfache unter Nr. III. folgende Uebersicht der Vorträge ein anschauliches Zeugniß abzulegen im Stande ist. Es fanden bis zum März 1886 552 Sitzungen statt, in welchen im Ganzen 108 Herren Vorträge hielten. Von den Sitzungen waren drei außerordentliche: die 210. am 21. März 1870, ein Abschiedsfest für den ersten Schriftführer W. Oncken, die 433. am 21. Februar 1879 zu Ehren von Savigny's 100stem Geburtstag (Festrede Bluntschli's) und die 500. Sitzung, welche am 16. Januar 1882 festlich begangen wurde.

Mitgliederzahl 1864: 43. 1886: 85. Schriftführer seit 29. Juni 1885: Dr. von Kirchenheim.

Die Protokollbücher, welche über jede Sitzung kurz berichten, befinden sich in der Heidelberger Universitäts-Bibliothek (Handschriften Cod. Heidelberg. Nr. 369 109—115)*).

---

*) Ueber die Verfassung des Vereins u. s. w. vergleiche die Festschrift des Vereins zur 24. Philologenversammlung S. IX—XVI. Leipzig 1864.

II. Verzeichniß der Vortragenden.

(Die Ziffern bezeichnen die Anzahl der Vorträge.)

Astenasy, 3. (Heidelberg.)
Asher, 6. (England.)
Bartsch, 20. (Heidelberg.)
Béhaghel, 2. (Basel.)
Bessels, (Washington.)
Bernthsen, 4. (Heidelberg.)
Bierbaum, 2. (Karlsruhe.)
Binding, (Leipzig).
Blum, 6. (Heidelberg.)
Bluntschli, (†) 21. (Heidelberg.)

Braun, Julius. (†) (München.)
Brie, 5. (Breslau.)
Buhl, 3. (Heidelberg.)
Cantor, 23. (Heidelberg.)
Caspary, (Heidelberg.)
G. Cohn, 8. (Heidelberg.)
M. Cohn, (Amsterdam.)
Deppe, (Genf.)
Dörgens, (†) 4. (Heidelberg.)
Ad. Eisenlohr, 4. (Heidelberg.)
Aug. Eisenlohr, 7. (Heidelberg.)
F. Eisenlohr, (Heidelberg.)
Erdmannsdörffer, (Heidelberg.)
Fuchs, 2. (Berlin.)
Gaedecke, 13. (Dresden.)
Gaß, 24. (Heidelberg.)
Gelzer, 10. (Jena.)
Gericke, (†)
Goldschmidt, 2. (Berlin.)
v. Hagen, (†) (Hanau.)
Hausrath, (Heidelberg.)
Hecht, 2. (Mannheim.)
v. Helmholtz, 6. (Berlin.)
Hillebrand, 2.
Hiller, (Czernowitz).
Hofmeister, (†) 6. (Tübingen.)
v. Holst, 2. (Freiburg.)
Holtzmann, 14. (Straßburg.)
Hönig, (Heidelberg.)
v. Horn, 4. (Heidelberg.)
Horstmann, (Heidelberg.)
Ihne, 28. (Heidelberg.)
Kayser, (†) 2. (Heidelberg.)
v. Kirchenheim, 2. (Heidelberg.)
Kleinschmidt, 3. (Heidelberg.)
Knies, 4. (Heidelberg.)
Köchly, (†) 2. (Heidelberg.)
Kopp, 2. (Heidelberg.)
Laband, 2. (Straßburg.)
Labenburg, (Kiel.)
Langsdorf, (†) (Pforzheim.)
Laspeyres, (Gießen.)
Laur, 26. (München.)
Lesmann, 7. (Heidelberg.)
Lemcke, 5. (Stuttgart.)

Leser, 6. (Heidelberg.)
Legis, (Breslau.)
Lobstein, 6. (Heidelberg.)
Loening, E., (Rostock.)
Loewenthal, (Berlin.)
Martin, 3. (Straßburg.)
Mendelssohn, K., 4. (Freiburg.)
Mayer, Ad., 2. (Holland.)
Merx, 3. (Heidelberg.)
Merz, (England.)
Meyer, Fr., 10. (Heidelberg.)
Moos, (Heidelberg.)
Nippold, 6. (Jena.)
Oncken, 5. (Gießen.)
Oppenheimer, (Heidelberg.)
Osthoff, (Heidelberg.)
Pagenstecher, E., 4. (Heidelberg.)
Peipers
Pfaff, (Stuttgart.)
Pickford, E., (†) (Karlsruhe.)
Pierson, 4. (Amsterdam.)
Ribbeck, (Leipzig.)
Richter,
Riels, 2. (Heidelberg.)
Riese, 2. (Frankfurt.)
Salzer, 4. (Heidelberg.)
Samuely (†) (Bern.)
Schaible, (Heidelberg.)
Schenkel (†) (Heidelberg.)
Scherrer, 2. (Heidelberg.)
Schmidt, 7. (Heidelberg.)
Schultze, Fr., 1. (Heidelberg.)
Stark, (†) 38. (Heidelberg.)
Steiner, (Heidelberg.)
Strathmann, (†) 6. (Heidelberg.)
v. Sybel, A., 2. (Heidelberg.)
Thorbecke, A., 10. (Heidelberg.)
Thorbecke, H., 1. (Halle.)
v. Treitschke, 4. (Berlin.)
v. Uexküll, 4.
Uhlig, 2. (Heidelberg.)
Vetter,
Vulpius, (Heidelberg.)
Wattenbach, 26. (Berlin.)
Weber, H., 2. (Marburg.)

Welcker (†) (Heidelberg.)
Windisch, 5. (Leipzig.)
Winkelmann, 4. (Heidelberg.)
Woermann, (Dresden.)

Wundt, 3. (Leipzig.)
Zeller, 10. (Berlin.)
Zittel, (München.)
Zöllner, 2. (Kolmar.)

III. Uebersicht der Vorträge.

I. Philosophie und Religionswissenschaft.
(Staat und Kirche.)

Neuere Auffassungen der Sophistik.
Uebergang der griechischen Philosophie zu den Römern.
Der Widerstreit der Pflichten.
Sittliche Bedeutung des Asketischen.
Optimismus und Pessimismus (2).
Vincenz von Beauvais.
Busenbaum und die Jesuitenmoral.
Baco von Verulam.
Schopenhauers Philosophie.

Entstehung der Religion.
Psychologische Entwicklung der religiösen Vorstellungen.
Religion der Perser.
Religiöse Grundlagen des antiken Staates.
Platos Theologie.
Religiöse Reformen in Altgriechenland.
Zur ältesten Kirchengeschichte Roms.
Auflösung des römischen Volksglaubens.
Aus den Archiven eines antiken Kirchenstaates.
Teutsche Mythologie.
Chiliastischer Aberglaube unserer Zeit.
Pentateuchkritik.
Entwicklung der messianischen Idee bei den Juden.
Die Lehre Jesu.
Der Stand der Evangelienfrage.
Pharisäische und sadducäische Politik.
Die Apokalypse, ethisch und ästhetisch (2).
Paulus und die Korinther (2).

Die Johannessage.
Die römische Petrussage.
Nero und die Christen.
Ausbreitung des Christenthums im Abendlande.
Pletho περὶ νόμων. — Kosmas.
Bilderdienst der griechischen Kirche.
Der bulgarische Kirchenstreit.
Widertäuferische Bewegungen zur Zeit der Reformation.
Joseph II. kirchliche Reformbestrebungen.
Konfessionswechsel im 19. Jahrhundert.
Schleiermacher und der Agendestreit.
Versammlung des Protestantenvereins (1881).
Die Salpeterer.

Geschichte des Papstthums 1814—66.
Die Kölner Wirren.
Kirchliche Wirren in Livland.
Kirchenstreit in Tessin.
Die altkatholische Kirche Utrechts.
Père Duchesne.
Laurents le catholicisme.
Kulturkampf auf afrikanischem Boden.
Gladstone und der Vatikanismus.
Zustände der englischen Geistlichkeit.
Nordamerikanische Kirchen- (und Schul-) Verhältnisse.

II. Archäologie und Kunst.

Methoden archäologischer Forschungen.
Der Krieg in der bildenden Kunst.
Lotzes Geschichte der Aesthetik.
Schnaases Einleitung.

Optisches in der Malerei.
Windelmann und seine Zeit.
Goethe und die bildende Kunst.
Berliner Kunstsammlungen (2).
Musikalische Aesthetik.
Philosophie der Musik (Friedrich II. und Bach).
Karakteristiken von Peiresc, J. Spon, F. Junius, Rubens, Dürer, L. b. Vinci, Raphael bis 1508 (2). Ludwig I. von Bayern, Cornelius.
Die Rundformen der antiken Kunst.
Vasenbilder des Alterthums.
Griechische und römische Landschaftsbilder.
Das alte Ilion.
Delphische Inschriften.
Die Akropolis.
Ausgrabungen in Olympia.
Alexander der Große in der bildenden Kunst.
Ein Eros des Praxiteles.
Monumentum Ancyranum.
Topographische Entdeckungen in Attika.
Topographie Konstantinopels.
Konstantinopel im 4. Jahrhundert.
Topographie Alt-Roms.
Ausgrabungen auf dem Palatin (2).
Der borghesische Fechter.
Mittheilungen über Mithrasdenkmäler in Karlsruhe; Alterthümer bei Ladenburg.
Entstehung des kirchlichen Christuskopfes.

III. Alte Geschichte.

a) Entstehung der indischen Kasten.
Indisches Alterthum.
Nirwana- und Buddhasage.
Neuestes aus Assyrien (1874).
Nachrichten der Assyrer und Aegypter über die Griechen.
Eine moabitische Inschrift.
Das Saldenfest.
Das alte Aegypten — Papyrosrollen — Papyros Parsis — Dekret des Canopus — Sesostris — Altägyptische Romane — Ein ägyptisches Lehrbuch der Mathematik.

b) Die Pelops- und Tantalussage.
Entstehung der homerischen Gedichte.
Geschichte der homerischen Frage.
Die Orestessage.
Pindar.
Die Ackervertheilung des Lykurg.
Geltung der Arbeit bei den Griechen.
Perikles. — Kleon.
Exil des Thukydides.
Sokrates, Plato, Aristoteles in ihren persönlichen Beziehungen.
Der Untergang des Hellenismus.

c) Titier, Ramner, Lucerer.
Servius Tullius.
Fabier und Claudier.
Die patrizischen Claudier.
Die Aerarier.
Civitas sine suffragio.
Entstehung des Volkstribunats.
Senat und Parlament.
Der tarentinische Krieg.
Die Patres Conscripti.
Die Censoren als Sittenrichter.
Die Umsturzversuche der Gracchen.
L. Cornelius Sulla (2). Tiberius (2).
Ein Kriminalprozeß zur Zeit der Republik.
Neueste Beurteilungen Ciceros (1885).
Herodes Agrippa (erster Vortrag).
Das Lager des Varus.
Bacchanalien.
Sage von der Wiederkunft Neros.
Der pädagogische Einfluß der Freigelassenen.
Eine Arbeitseinstellung in Alt-Rom.
Der Dienst im römischen Heere.
Die römischen Feldmesser.
Handelsverhältnisse im Alterthum.
Josephus — Prudentius.
Das historische Drama der Römer und Griechen.
Spätrömische Lyrik.

IV. **Geschichte und Biographien.**
(c—e, Kulturgeschichte.)

a) Historische Kritik.
Schwierigkeit von Archivforschungen.
Funde in Wiener Archiven.
Monumenta Germaniae.
b) Die alten Burgundionen.
Prozeß der Hinrichtung Huß.
Der Wormser Reichstag 1521.
Schlachten bei Prag und Wimpffen.
Ludwig XIV. und die Hugenotten.
Vorgeschichte des spanischen Erbfolgekriegs.
Der Brückensturm 1799.
Erste diplomatische Beziehungen zwischen Rußland und Preußen.
Die orientalische Frage.
Talleyrand und die orientalische Frage.
Der Wiener Kongreß.
Preußische Verfassungskämpfe 1815 bis 1823.
Metternichs Memoiren.
Erinnerungen an 1848, 1849 (2).
Erinnerungen von der Okkupation Elsaß-Lothringens (2).
Gründung des Königreichs Belgien (2).
Ein französischer Kaspar Hauser.
Gefangenschaft von James Bothwell.
Geschichte der Janitscharen.
Neueste Geschichte von Zentral- und Ostasien.
c) Einfluß des Orients auf die griechische Kultur.
Neuplatonische Wundererzählungen.
Geist und Bedeutung des Mönchtums.
Wunderliche Heilige des Mittelalters.
Zur Geschichte des Humanismus (3).
Schriftwesen des Mittelalters.
Briefsammlungen des Mittelalters.
Deutsche Kriegsabenteurer im Ausland.
Die bürgerlichen Vergnügungen des Mittelalters.
Die Anstandslehre des Mittelalters.

Italische Frauensitten im Zeitalter Dantes.
Die Frauen in Frankreich im 18. Jahrhundert.
Kulturzustände in den Ostseeprovinzen im 16. Jahrhundert.
Das Passionsspiel in Oberammergau.
Geschichte des deutschen Buchhandels.
In vino veritas.

Methode und Studium der Kriegsgeschichte.
Stellung Klausewitz's in der Kriegswissenschaft.
d) Geschichte Landaus (2).
Geschichte des Bürgerspitals in Straßburg.
Abtei und Stadt Weißenburg.
Flugblätter über den Winterkönig.
Heidelbergs Schicksale 1689.
Aus dem Tagebuche Otto Heinrichs.
Heidelberg im Jahre 1693.
Heidelberg Ende des 18. Jahrhunderts.
Kulturgeschichte der Universität Heidelberg.
Aus den Heidelberger Universitätsakten.
e) Universitätsgeschichte: Rechtsverhältnisse in Bologna im Mittelalter. — Leipzig im 15. Jahrhundert. — Aus den Akten Paduas. — Geschichte Breslaus. — Die Pariser medizinische Fakultät im 18. Jahrhundert. — Die englischen Universitäten.
f) Ligurinus. Regiomontanus. W. Ufseling. Const. Tischendorff. Ch. Schwab. Benedictus de Pileo. Petrus de Vinea. W. v. Wachenfels. Const. Simonides. Urbanus Rhegius. Don Karlos. Maria Stuart (2). Struensee. Joseph II. Wilhelm I. von Oranien. Dalberg. — Metternich.

Lefort und Peter der Große. — Zarewitsch Alexei.
Mirabeau. — Vater Mirabeau's.
Walujew.
Mary Worthley Montague.
Graf Caylus.
König Otto.
Lucrezia Borgia.
Beatrice Cenci.
Girardin.
Lamartine.
Hudson. — Ritter.

V. Ethno- und Demographie.

Reiseerinnerungen aus England, das heutige London, Leyden, Frankreich, Spanien (2), Algier, Oberitalien, Italien (3), Rom, Sizilien (2), Dalmatien, Griechenland (3), Kleinasien (2), Tiflis und Kaukasus (2), Aegypten.

Ueber Land und Leute in Irland (2), Holland, Belgien, Mecklenburg, Münsteraner, siebenbürger Sachsen, Rumänien, am Berge Athos, Kairo, Neugriechenland, Sibirien.

Das Deutschthum in Tirol.
Ethnographie von Mittel- und Nordeuropa.
Die Nationalitäten der Vereinigten Staaten.
Die türkische Landmacht in Europa.
Russische Zustände.
Russische Nihilisten.
Reflexe des Kriegs 1870 in Petersburg.
Deutschenhaß in Petersburg.
Deutsches Leben in Petersburg (2).
Deutsche Kolonisation an der Wolga (2).
Russifizirung der Ostseeprovinzen.
Die Deutschen in den Ostseeprovinzen.
Die Bauern in den Ostseeprovinzen.

VI. Sprachwissenschaft und Litteraturgeschichte.

a) Entstehung des Alphabets.
Physiologie der Buchstabenbildung.
Das Leben der Sprache.
Aufgabe der vergleichenden Syntax.
Sanskrit und indogermanische Sprache.
Der Bedeutungswandel im Indogermanischen.
Die Ursprache in Chaldäa.
Entzifferung etruskischer Sprachdenkmale.
Naturgeschichte der Völkernamen.
Die Javanen auf der Stammtafel der Genesis.
Aelteste lateinische Inschrift.
Irische Sprache und Sage.
Max Müller (2). F. Bopp. A. Schleicher.
Ueber deutsche Rechtschreibung.
Die orthographische Konferenz 1871.
Die Philologenversammlung 1864.

b) Eine Schrift Innocenz' III.
Bojardo und Ariosto.
Danteübersetzungen.
Rolandslied. Altfranzösisches Volkslied.
Walter von der Vogelweide.
Alpharts Tod.
Opitz. Ayrenhoffs Postzug.
Die Romantiker in Heidelberg.
Goethe in Heidelberg (4).
Goethes Drama „der Falle". „Der neue Paris". „Die schöne Melusine".
Schillers Krankheit 1791. Schillers Fragmente.
Jean Paul in Heidelberg.
J. P. Hebel (2.)
Hoffmann von Fallersleben.
Gervinus.

c) Die Blüthezeit der holländischen Litteratur.
Walter Mapes. Shelley. Byron. Walter Scott.
Ludwig XIV. und die Dichter seiner Zeit.
Friedrich II. und Voltaire.
Cyrano de Bergerac.
Lesage und Gilbert.

Molière. — Der Name Molière. —
Madame de Molière.
Abbé Prévost et Manon Lescaut.
Le Noble et la Belle Epicière
Guy du Four de Pitrar.
Madame du Tencin. Madame Guyon.
Lamartine. Marquis be Sade. Beaumarchais. — Scribe.
Die Rachel.
Turgenjew.

VII. Rechts- und Staatswissenschaft.

a) Savigny. — Eichhorn.
Rechtsgelehrte in England.
Der naturrechtliche Charakter der Stiftungen.
Das richterliche Prüfungsrecht von Gesetzen.
Geschichte der Privilegien.
Die Stellung der Frauen im altrömischen und germanischen Recht.
Eine Bulle wider 14 deutschen Rechtssätze 1374.
Das Lichtrecht.

Das international gleiche Recht.
Entwicklung des Rechtes der Eheschließung.
Reform des ehelichen Güterrechts.
Zur Geschichte der Börse.
Entwurf eines Aktiengesetzes (1883).
Entwurf eines Checkgesetzes.
Handelsgerichte.
Congrès international de la propriété industrielle.
Haftpflicht der Eisenbahnen.

Schulbhaft. — Wuchergesetzgebung.
Zurechnungsfähigkeit. — Zukunft der Schwurgerichte. — Strafrecht und Anthropologie. — Ein Kriminalfall.

b) Aristoteles' Politik (2).
Confucius und der altchinesische Staat.

Tocqueville.
Der Verfasser der Juniusbriefe.
Einfluß der Race auf den Staat.
Bedeutung der Nationalität.
Wandlungen der Staatsformen.
Souveränetät. — Legitimität.
Anfänge der Monarchie.
Zweikammersystem.
Zusammengesetzte Staaten.
Lehre vom Bundesstaat (2).
Rechtliche Verantwortlichkeit des Papstes.
Luxemburgs Verhältnisse zu Deutschland.

Die Verwaltung der Stadt Paris.
Das Institut für Völkerrecht.
Die Brüsseler Konferenz (1874).
Das Völkerrecht und die orientalische Frage.
Alabamafrage. — Samoainseln.
Der europäische Staatenverein.
Recht und Nothwendigkeit des Krieges.

c) Was ist Statistik?
Volkszählungen und Sterblichkeitstabellen.
Stuart Mill. — Marx (2). — Carey.
Das Versicherungswesen der Römer.
Hypothekenwesen.
Aufstellung der Bilanz bei Hypothekenbanken.
Die Angriffe auf das private Grundeigenthum.
Grundbesitzverhältnisse in Irland.
Die Internationale.
Der Eisenacher Sozialistenkongreß.
Die Landstreicherfrage.
Direkte und indirekte Besteuerung.
Tabaksteuer und Monopol.
Die Münzreform.
Die Anfänge des Zollvereins.
Geschichte des Zollvereins.
Der preußisch-französische Handelsvertrag 1863.

VIII Kronik des Vereins.

VIII. **Mathematik und Naturwissenschaft.**

a) Mathematik der Babylonier.
Hypothese aus Platos Menon.
Hero aus Alexandria.
Petrus Ramus.
Prowes Biographie des Kopernikus.
Nationalität des Kopernikus.
Galilaeis Prozeß (4).
Ein wissenschaftlicher Streit im XVI. Jahrhundert.
Prioritätsstreit zwischen Leibniz und Newton.
Blaise Pascal. — Benjamin Franklin.
Kästner. — Gauß.
Ueber Bestimmung der Sonnenentfernung.

b) Neuere Methoden zur Bestimmung der Witterung.
Das Ende der Welt vom Standpunkt der mechanischen Wärmetheorie.
Kosmogenetische Theorien.
Physikalische Axiome.
Die Erhaltung der Kraft.
Kräftewirkung auf rotirende Körper.
Erdmagnetismus.
Die Prinzipien der Chemie.
Drei Fundamentalbegriffe der Chemie.
Die Chemie und das Wesen der Materie. — Die Alchemisten.
Die aurea catena Homeri.
Fortschritte chemischer Technik (2).
Ueber chemisch-technische Etablissements.

c) Darwins Schöpfungslehre.
Einige Funktionen des Gehirns.
Der Verlauf der Vorstellungen.
Die Sinneswahrnehmungen.
Die menschliche Ernährung.
Cretinismus.
Epidemische Geisteskrankheiten im 14. Jahrhundert.
Lobstein, erster Professor der pathologischen Anatomie in Frankreich.
Neuestes über Infektionskrankheiten (1884).
Ueber Bakterien.

d) Ueber Korallen.
Ursachen der Pflanzenmannigfaltigkeit.
Die Pflanze und das Licht.
Sexualität der Pflanzen (2).
Heimath einiger Kulturpflanzen.
Krankheiten einiger Kulturpflanzen.
Flora der Braunkohlenperiode.
Vegetation in Nordafrika.

Darstellung von Eisen und Stahl.
Gebirgsbildung. — Thalbildung.
Neue Gebirgsformationen.
Vulkane auf den Hawaiischen Inseln.
Naturwissenschaftliches von der Pacificbahn.
Goldbergwerke Kaliforniens.
Der Sutrostollen in der Sierra Nevada.
Das Galmeibergwerk in Wiesloch.
Unsere Kenntniß des Erdinnern.
Geschichte der Erdbeben (3).
Meteoriten.
Die elektrische Beleuchtung.

Abhandlungen

von

K. Hartfelder, G. Weber, W. Oncken, C. Lemcke,
W. Wundt, H. Holtzmann und A. v. Kirchenheim.

Der Humanismus und die Heidelberger Klöster.

Von
Karl Hartfelder.

Die hohe Schule oder das Generalstudium zu Heidelberg wurde im Jahre 1386 durch Kurfürst Ruprecht I. von der Pfalz gegründet und durch Papst Urban VI. bestätigt. Es war die dritte deutsche Universität, welche das 14. Jahrhundert erstehen sah. Dieselbe wurde nach dem Vorbild von Paris eingerichtet, wie auch ihr erster Rector Marsilius von Inghen, der aus Geldern stammte, früher Lehrer in Paris gewesen.

Der Charakter der Universitäten hat sich im Laufe der Jahrhunderte vollständig umgewandelt. Die mittelalterlichen Hochschulen Deutschlands sind ausnahmslos kirchliche Anstalten. Beinahe alle haben sie die nachgesuchte Bestätigung des Papstes erhalten, die Lehrer waren Geistliche und bezogen meist ihren Gehalt aus Pfründen, die man mit den Professuren verbunden hatte. Viele von den Studenten wohnten in den klösterlich eingerichteten Contubernien oder waren gar selbst Mönche. Diese Einrichtungen haben im Wesentlichen bis in das 16. Jahrhundert hinein gedauert, wo die Reformation mit der Kirche auch deren Lehranstalten umgestaltete *).

Auch die Lehre und Methode war wesentlich verschieden von der späteren. Die Aufgabe der Lehrer war nicht in erster Linie, das Wissen im absoluten Sinne zu bereichern, neue wissenschaftliche Entdeckungen zu machen und dieselben in eigenen Schriften niederzulegen.

---

*) Vgl. H. Denifle, Die Universitäten des Mittelalters (Berlin 1885) S. 792 und sonst.

Vielmehr war das Lehren die Hauptsache. Der Wissensstoff war nach der herrschenden Vorstellung gegeben: er bestand aus der Lehre der Kirche und aus dem Wissen der alten Welt, das in mancherlei Umwandelungen in Compendien und Uebersetzungen vorlag. Mit diesem Stoffe die Schüler vertraut zu machen, war die Aufgabe des Unterrichtes, besonders auf der Universität.

Diese Einrichtungen erfuhren den ersten gewaltigen Stoß durch das Aufkommen des neuen Geistes des Humanismus, der in Italien entstand und im 15. Jahrhundert auch den Weg über die Alpen fand. Doch verhielten sich nicht alle Hochschulen ablehnend gegen die Vertreter der meliores litterae, wie die Lateinmeister ihr eigenes Wissen benannten, und ebenso wenig wie die Geistlichen der Akademie waren alle Mönche prinzipiell Gegner des humanistischen Lehrbetriebs. Es ist eine falsche Vorstellung, welche auf die Schriften des Erasmus und seiner Anhänger zurückgehen dürfte, daß die Ordensgeistlichen ausnahmslos die geschworenen Feinde alles besseren Wissens waren. Freilich muß zugegeben werden, daß in den einzelnen Orden es sehr verschieden aussah, ja die verschiedenen Klöster desselben Ordens in dieser Beziehung sich sehr verschieden verhielten. Auch sollte billigerweise nicht bestritten werden, daß zahlreiche Mönche in dem Weinkeller heimischer waren als in der Klosterbibliothek, und mit dem Humpen besser Bescheid wußten als mit den Büchern. Daneben trugen aber auch anders gesinnte Männer die Kutte*).

Es ist darum gewiß von Interesse, einmal dieser Frage auf einem bestimmten Punkte nachzugehen. Wir dürfen dabei im Voraus annehmen, daß es in einer Stadt mit einer hohen Schule wie Heidelberg nicht so übel bestellt war, wie in Klöstern, die abseits von der Heerstraße, fern von einer größeren Stadt, etwa in dem entlegenen Thale eines hohen Gebirges lagen. Hier war die Gefahr interesselosen Hinbrütens oder des Versinkens in sinnlichen Genuß größer, weil die geistige Anregung, der Wetteifer mit vielen Gleichstrebenden, das beste Mittel gegen jede geistige Stagnation, fehlte. Die Geschichte hat gezeigt, daß bei der Beschaffenheit des Menschen, wie sie nun einmal thatsächlich ist, auch die strengste und klügste Ordensregel nicht ein untrügliches Mittel gegen die genannten Gefahren ist. Selbst die

---

*) Ueber die weite Verbreitung humanistischer Bildung in den österreichischen Klöstern vgl. Ab. Horawitz, Zur Geschichte des Humanismus in den Alpenländern I. Wien 1886. (Sitzungsber. d. Wiener Akad. phil.-hist. Cl. Bd. 111. S. 331.)

häufig auftretenden Ordensreformationen haben es nicht dauernd zu bewirken vermocht, daß das Leben auch nur der bedeutendsten Congregationen in beständiger Harmonie mit den Regeln der Ordensstifter blieb.

Vor dem östlichen Thore Heidelbergs, hart unter der Höhe, auf welcher jetzt die Ruinen des herrlichen Schlosses der pfälzischen Kurfürsten stehen, und unweit dem Ufer des Neckars, der dort nahe an die Berge herantritt, aber außerhalb der Stadtmauern, lag seit alter Zeit das St. Jakobs-Stift, welches die Cisterzienser-Abtei Eberach in Franken gegründet hatte *). Im Jahre 1389 verwandelte Kurfürst Ruprecht I. von der Pfalz dasselbe in das Contubernium Jacobiticum und verband es mit der Universität. Es blieb Eigenthum des Cisterzienser-Ordens, der es zu einer Bildungsanstalt seiner jungen Conventualen machte und dem Abte des nur zwei Stunden von Heidelberg entfernten Klosters Schönau (Schonaugia) im Odenwalde die Aufsicht über dasselbe übertrug. Von weither scheinen die Klöster des genannten Ordens ihre lernbegierigen Mönche nach Heidelberg geschickt zu haben, die dann akademische Bürger wurden, ohne damit aus dem Klosterverband auszutreten.

Wir sind nun über das wissenschaftliche Leben und Treiben dieser Mönche am Ende des 16. Jahrhunderts besser unterrichtet als bei den meisten andern Klöstern. Ein glücklicher Zufall hat uns die lateinischen Gedichte des Heidelberger Humanisten Adam Werner von Themar gerettet, die zwar keine poetischen Leistungen sind, wie etwa die Gedichte des Konrad Celtis, die sich nicht einmal mit den Gedichten des Lateinmeisters Heinrich Bebel messen können, die aber ein helles Licht auf bisher unbekannte Dinge fallen lassen, wie z. B. die wissenschaftlichen Bestrebungen der Heidelberger Cisterzienser **).

Adam Werner oder Wernher, wie er sich auch schreibt, hatte seine Studien an der Universität Heidelberg gemacht, wo er den 1. October 1484 immatrikulirt wurde und den 12. November 1485 sein Bacca-

---

*) Vgl. über dasselbe J. F. Hautz, Gesch. d. Universität Heidelberg (Mannheim 1862) I. 107. 184.
**) Ueber denselben vgl. K. Hartfelder, Ad. Werner von Themar, ein Heidelberger Humanist. Karlsruhe 1880. (Separatabdruck aus Bd. 33 der Zeitschrift f. d. Gesch. d. Oberrheins.) Ergänzungen dazu in K. Hartfelder, Deutsche Uebersetzungen klassischer Schriftsteller aus dem Heidelberger Humanistenkreis. Heidelberg 1884 (Programmbeilage) und K. Goedeke, Grundriß zur Geschichte der deutschen Dichtung. (Dresden 1884) I², 445.

laureatsexamen bestand*). Eine Lehrthätigkeit an der Lateinschule zu Neustadt a. H. bildete den Uebergang zu der ehrenvollen Stelle eines Erziehers am kurfürstlichen Hofe in Heidelberg, wohin er 1488 von Kurfürst Philipp berufen wurde. Seine pädagogische Thätigkeit ließ ihm noch freie Zeit zu Vorlesungen an der Universität, zuerst nur in der artistischen oder philosophischen Facultät, bis er später zu einer Professur in der juristischen aufrückte. Als Lehrer der Artistenfacultät unterrichtete er nun auch die Mönche des St. Jakobsstiftes in den „besseren Wissenschaften", d. h. in den humanistischen Fächern.

Die italienischen wie deutschen Humanisten hielten darauf, daß ihre Schüler sich ebenso gewandt in lateinischen Versen wie in guter Prosa ausdrücken konnten. So stellte denn auch Werner mit seinen Schülern metrische Uebungen an, wovon noch eine Probe sich erhalten hat. Er gab den prosaischen Satz: O pudica genitrix sanctaeque pater Bernarde, fave meis coeptis, der durch seinen Inhalt dem eigenartigen Schülerkreis Rechnung trägt; denn die pudica genitrix ist Maria die Gottesgebärerin und der hl. Bernhard ist Bernhard von Clairvaux, der Erneuerer und zweite Stifter des Cisterzienserordens. Dieser prosaische Satz mußte nun in einen Hexameter oder in ein, auch zwei Distichen verwandelt werden, von denen Werner nicht weniger als sieben Variationen mittheilt**); aus ihnen möge zur Veranschaulichung dieser ars carminum, wie Werner selbst sagt, ein Beispiel hier mitgetheilt werden:

Pyeridum choreas tentabo visere, coeptis,
O Bernarde, meis virgoque casta, fave.

Unter den Schülern, welche lateinische Verse unter seiner Anleitung machten, saß auch ein junger talentvoller Mönch, Namens Wendelin, aus dem nahen Kloster Schönau***), von dem sich Werner Bedeutendes versprach, und den er innig lieb gewann. Er nennt den Schüler Deliciae Musarum, auch Musarum dulcis alumnus oder dulce decus, mit Anspielung auf ein bekanntes horazisches Gedicht. Noch ehe er seine Studien vollendet hatte, war er in die Einsamkeit seiner Kloster-

---
*) Vgl. Adam Wernher de Themar Erpipelensis dioc. prima Oct. 1484. — bacc. art. via antiqua 12. November 1485. Töpke, Die Matrikel der Universität Heidelberg. I. 376.
**) Vgl. Hartfelder, Werner v. Themar, S. 45.
***) Sollte das derselbe sein, der in der Matrikel eingetragen ist Fr. Wendelinus de Hirszbornn ord. Carmelitarum dioc. Wormac. VII. Nov. 1488? Töpke, Matrikel I. 392. Auch S. 400 u. 433 kommen Wendeline vor.

zelle zurückgerufen worden, zum großen Schmerze des Lehrers. Als nun der Frühling kam und das paradiesische Thal von Altheidelberg in sein „schimmernd Brautgewand" kleidete, da erwachte in Werner die Sehnsucht nach dem geliebten Schüler, mit dem er die herrliche Umgebung der Stadt früher zu durchstreifen pflegte. In zwei lateinischen Gedichten fordert er ihn zur Rückkehr, zur Fortsetzung seiner Studien auf; wenn nicht, so möge er wenigstens des Lehrers in seinem Gebete gedenken.

Daß Werner übrigens im St. Jakobsstift auch weniger angenehme Schüler hatte, zeigt ein lateinisches Gedicht aus dem Jahre 1495, in dem er sehr eindringlich an die Bezahlung des Honorars für seine Vorlesung über Vergil erinnerte oder, läßt er seine Muse Thalia drohen: totam vulgabo per urbem.

Diese Lehrthätigkeit brachte ihn auch gewiß in Verbindung mit dem Abte von Schönau, Nikolaus von Neidenstein, der ja von Ordens wegen die Oberaufsicht über das Contubernium Jacobiticum führte. Ein gelegentlicher Besuch, den Werner mit seinen fürstlichen Zöglingen im Kloster machte, gab sodann Anlaß zu einem lateinischen Gedicht, in welchem die Gastfreundschaft des Abts sogar über die des mythischen Evander gestellt wurde. Auch die Freundschaft mit dem Mönche Ulrich von Raitehaßloch wurde auf gleichem Wege vermittelt und führte zu gleich höflichen lateinischen Versen, als dieser wieder nach Hause gerufen wurde.

Ursprünglich hatte die Absicht bestanden, das Contubernium Jacobiticum auch dem Abte des stattlichen Klosters Maulbronn zu unterstellen, dessen wohlerhaltene Kirche und Kreuzgänge uns jetzt noch ein Stück Mittelalter erzählen. Jedenfalls hat Verkehr mit Maulbronn stattgefunden, das möglicherweise seine jungen Mönche ebenfalls in Heidelberg ausbilden ließ. So wurde Werner bekannt mit Konrad Leontorius, einem gründlich unterrichteten Mönche des Klosters, den sogar ein Reuchlin wie einen Gleichberechtigten ansah, und der mit dem Heidelberger Humanistenkreis mannigfache Verbindungen pflegte[*].

---

[*] Vgl. über denselben L. Geiger, Joh. Reuchlin (Leipzig 1871) S. 43. 78. 104. 184. Derselbe, Reuchlins Briefwechsel (Tübingen 1875) S. 22. (Bd. 126 der Bibliothek des Literarischen Vereins in Stuttgart.) Hartfelder, Werner v. Themar S. 12. Wie hoch er geschätzt wurde, ergibt sich z. B. daraus, daß Bischof Dalberg ihm vom Abt zu Maulbronn einen Urlaub von drei bis vier Monaten auswirkte, den er im Heidelberger Kreise verbringen durfte. Aus dem Cod. epistol. des Celtis in Wien.

Werners liebevolle Theilnahme dürfte nicht auf unfruchtbaren Boden gefallen sein. Es hat den Anschein, als ob der Heidelberger Humanist in den Kreisen der Ordensgeistlichen im südwestlichen Deutschland bald eine gefeierte und anerkannte Persönlichkeit gewesen. Wenigstens findet sich in dem Mortilogus*), welchen der Prior Konrad Reitter 1508 erscheinen ließ, ein begeistertes Lobgedicht in Hendekasyllaben, gerichtet ad clarissimum iuris interpretem Adam Wernerum Themarensem, illustrissimi Comitis Rhenani palatinorum pedagogum, worin seine Rechtskenntniß nicht weniger gepriesen wird als seine Leistungen als lateinischer Dichter. Das Collegium sancti Jacobi extra muros Heydelbergenses galt aber, wie wir aus derselben Schrift ersehen, weithin als eine Anstalt, in der Frömmigkeit und Wissenschaft gleich sehr gepflegt wurden. Werner von Themar gehörte zu jenem Kreise deutscher Humanisten, in deren Geist Mittelalter und Neuzeit, der Glaube der Kirche und die Begeisterung für das klassische Alterthum friedlich nebeneinander wohnten. Der Lehrer ist typisch für diese Anstalt. In den Kreisen, welche auf das Contubernium Jacobiticum Einfluß übten, sah man in der Begeisterung für Cicero und Demosthenes keine Gefahr für den Glauben, wie das später der Fall war**). Ein Prior durfte die Insassen des Stiftes eindringlich mahnen:

Discite et ex nitido Demosthenis ore loquelas
Ardentes, magno cum Cicerone loqui.

Um dieselbe Zeit, wo Werner seine Schüler im St. Jakobsstift mit Vergil bekannt machte und zu lateinischen Versen anleitete, lebte in Heidelberg ein anderer Mönch, Jacobus Dracontius, ein Prämonstratenser, von dem wir nicht wissen, in welchem Kloster er seine Wohnung hatte; denn ein Prämonstratenserkloster hat es in Heidelberg nicht gegeben. Wo er aber auch seine Unterkunft gefunden haben mochte, seine Zelle kann nicht zu fest verschlossen gewesen sein; denn er betheiligte sich an jenen Gelagen des Heidelberger Humanistenkreises — von ihnen selbst bald convivia, bald epulae oder sogar Bacchanalia genannt —, bei denen aber auch Apollo und die Musen nicht fehlten. Der jugendliche und lernbegierige Mönch wurde ein Mitglied jener bedeutsamen Gesellschaft humanistischer Männer, die sich um Johann

---

*) Von dieser seltenen Schrift, welche zu Freiburg und München vorhanden ist, konnte ich das Exemplar der Münchener Hof- und Staatsbibliothek benützen.
**) Schon 1516 war das St. Jakobsstift zum großen Leidwesen des Kurfürsten ganz verlassen. Vgl. dazu Hautz, Geschichte der Universität I. 187.

von Dalberg, genannt Camerarius, der zugleich Bischof von Worms und Kanzler der Pfalz war, und um dessen Freund, den pfälzischen Rath Dietrich von Plenningen, genannt Plinius, sammelte*). Als er zum ersten Male beigezogen wurde, war er noch rudis, barbarus und indoctus, d. h. er verstand von den humanistischen Dingen, welche den Gegenstand des Interesses für diese Männer bildeten, noch nichts. Aber der „barbarische" Mönch hatte Energie, wie er bei der Aneignung der ihm fehlenden Kenntnisse bewies, und zwei ausgezeichnete Lehrer, nämlich Konrad Celtis**), einen der genialsten unter den deutschen Humanisten, und Johann Reuchlin oder Kapnion, die beide vorübergehend dem Heidelberger Kreise angehört haben. Selbst diese hochbegabten Männer wunderten sich über die schnellen Fortschritte des Prämonstratensers. Eine sapphische Ode, mit welcher er die Rückkehr Dalbergs nach Heidelberg feierte, fand dessen Beifall in hohem Grade. Bald wurde der bisherige Schüler von den andern wegen seiner vielseitigen Kenntnisse bewundert: „er hört nicht auf, Dichter, Redner, Geschichtschreiber, Kosmograph und Astronom zu sein", sagte Vigilius von ihm. Selbst technische Fertigkeiten besaß er: er fertigte einen Globus an, auf dem man die Meere, Gestirne und Winde sehen konnte.

Der glänzende Kreis Dalbergs zerstob mit dem Anfang des 16. Jahrhunderts: nur die Erinnerung an denselben lebte noch in der schönen Neckarstadt fort. Wohin Dracontius gekommen, weiß ich nicht zu sagen. Möglich, daß er seine reichen Kenntnisse in der Stille eines Klosters begraben hat. Es bleibt aber eine bemerkenswerthe Thatsache, daß an dem gastlichen Tische Dalbergs, wo der „deutsche Erzhumanist" Celtis seine lustigen Einfälle erzählte und seine lateinischen Oden ertönen ließ, ein ernster Cisterzienser, Leontorius aus Maulbronn, und der kenntnißreiche Prämonstratenser Dracontius gesessen haben, von den andern trotz ihres geistlichen Gewandes als ebenbürtige und gleichberechtigte Gesellen betrachtet.

---

*) Ueber das fröhliche und geistreiche Treiben dieser Männer vgl. L. Häusser, Geschichte der rheinischen Pfalz I. 429. L. Geiger, Joh. Reuchlin (Leipzig 1871) S. 41. K. Hartfelder, K. Celtis und der Heidelberger Humanistenkreis (Sybels Histor. Zeitschrift Bd. 47 [N. F. 11] S. 15). Vgl. dazu die Beilagen am Ende dieses Aufsatzes.

**) Die Litteratur über Celtis vgl. jetzt bei Goedeke, Grundriß I² 417. Vergessen ist der Aufsatz Fr. von Bezold (Sybels Historische Zeitschrift. Bd. 49. S. 1.) und K. Hartfelder, Celtis als Lehrer (N. Jahrbb. f. Phil. Bd. 128. S. 299).

Um dieselbe Zeit ungefähr spielte sich eine religiöse Streitigkeit in den Klöstern der Dominikaner und Franziskaner zu Heidelberg ab, woran Humanisten und Mönche gleich lebhaften Antheil nahmen. Schon seit langer Zeit war zwischen den beiden Orden ein lebhafter Streit über die Frage der unbefleckten Empfängniß der Jungfrau Maria entstanden. Während die Dominikaner oder Predigermönche in Uebereinstimmung mit der Lehre der alten Kirche behaupteten, daß Maria, wie alle Menschen, in der Erbsünde empfangen, aber durch einen besondern Akt des heiligen Geistes gereinigt worden sei, vertraten die Franziskaner oder Minoriten, besonders seit den Aufstellungen des Duns Scotus, des kühnsten aller Scholastiker, die entgegengesetzte Meinung, daß Maria „vor der Erbsünde präserviret und mithin auch ohne alle Sünde empfangen worden sei" *). Der Streit ging aus den akademischen Hörsälen und Klosterschulen auch in die Literatur über, und besonders die oberrheinischen Humanisten, wie Trithemius, Wimpfeling, Sebastian Brant, Thomas Wolf, Adam Werner u. A. betheiligten sich in Prosa und Vers an dem scholastischen Disput. Da kündigten die Dominikaner in Heidelberg auf den Tag vor dem Feste Annunciatio Mariae 1501, d. h. auf den 24. März eine Disputation über die Frage der immaculata conceptio Mariae an. Sie wollten dazu durch die öffentlichen Angriffe des Fraters Johann Spengler, der die Funktionen eines Predigers im Heidelberger Minoritenkloster seit etwa zwei Jahren bekleidete, gereizt sein. Dieser erklärte sich zur Annahme der theologischen Herausforderung bereit, wenn man die Disputation um drei Wochen bis nach Ostern verschiebe. Zur Zeit sei er durch Predigten und durch Beichtsitzen — es war gerade Fastenzeit — verhindert. Die Dominikaner gingen natürlich darauf nicht ein, und die Disputation fand doch statt, obgleich die Franziskaner nicht erschienen. Den Vorsitz führte ein Kanonikus der Heiliggeistkirche, der von den Dominikanern als theologiae profundus licentiatus bezeichnet wird, und die Rolle des Opponenten übernahm ein Dominikaner, der die Würde eines baccalaureus besaß. Unter solchen Umständen war das Ganze eine dialektische Spiegelfechterei und wäre besser unterblieben. Natürlich wurde der Baccalaureus gänzlich besiegt!

---

*) Vgl. darüber G. E. Steitz im Archiv für Frankfurts Geschichte. Bd. VI. (1877) S. 1 ff. Dessen Aufstellungen verbessern die Mittheilungen bei Ch. Schmidt, Histoire littéraire de l'Alsace I. 219 und K. Hartfelder, Werner von Themar S. 8. Für die folgende Darstellung benützte ich die Münchener Handschrift (Clm.) Nr. 434, deren Angaben von f. 228—238, so weit ich sehe, bis jetzt nicht beachtet worden sind.

Aber die Franziskaner beruhigten sich dabei nicht. Sie kündigten jetzt ebenfalls eine Disputation über die gleiche Frage an. Dieselbe sollte in der Franziskanerkirche unter dem Vorsitz des Paters und Professors der Theologie, Cliverius Mahlarbus, des Generalvikars der Minoriten de observancia diesseits der Alpen, am zweiten Freitag nach Fronleichnam, d. h. am 28. Juni früh Morgens um sieben Uhr ihren Anfang nehmen.

Doch die Franziskaner stießen jetzt auf einen unerwarteten Widerstand von Seiten des Kurfürsten und der Universität. Kurfürstliche Räthe erschienen wiederholt im Dominikanerkloster und theilten mit, daß ihr Gebieter wünsche, die Dominikaner möchten sich von der geplanten Disputation fernhalten. Kurfürst Philipp meinte, solche Verhandlungen könnten höchstens zu Skandalen und zur Verwirrung der Gemeinde führen. Der Rektor magnificus der Universität verbot allen Angehörigen der Hochschule bei einer Strafe von sechs Gulden, die noch „vor Untergang der Sonne" zu erlegen wären, den Besuch der Disputation. Die theologische Fakultät protestirte gegen die Abhaltung in einem Erlaß, worin sie es für christlicher erklärte, den Frieden in der Kirche zu bewahren, als Händel anzufangen.

Dies alles half nichts. Die Franziskaner wollten auch ihre Disputation und ihren Sieg haben. Dieselbe wurde abgehalten, und „Bruder Hans Spengler" hat dabei die Gegner „so übel erzürnt" und geschmäht, daß ein Frankfurter Dominikaner bald „ein beschönend Schirm-Büchle im Druck gegen ihn ausgahn ließ." Die ungehorsamen Studenten, welche trotz des Verbotes theilgenommen hatten, wurden bestraft*). Die Dominikaner aber, denen es vielleicht nicht unangenehm war, nicht mit Frater Spengler, der eine scharfe Klinge führte, im dialektischen Kampfe sich messen zu müssen, ließen am Tage der Disputation ein Aktenstück aufsetzen, worin sie ihr Ausbleiben mit dem Wunsche des Kurfürsten erklärten. Aber dieses „Mönchsgezänt" interessirte auch die feinstgebildeten Männer der Stadt und Universität, wie z. B. Adam Werner und Jakob Wimpfling, die ja literarisch an demselben Streite schon Theil genommen hatten. Die ursprünglich scholastische Streitfrage war auch eine Streitfrage der Humanisten, welche der Mehrzahl nach auf Seiten der Franziskaner standen.

Aber bald sollten andere Fragen auftauchen, welche der mittel-

---

*) Haup, Geschichte der Universität I. 352. Anshelm, Berner Chronik III. S. 372.

alterlichen Scholastik gefährlicher wurden, als Verbote eines Kurfürsten und eines akademischen Rektors. Auch diese weitere Entwickelung schlägt ihre Wellen bis in die stillen Räume eines Heidelberger Klosters. In demselben Dominikanerkloster, wo man am Anfang des 16. Jahrhunderts so lebhaft über das Dogma der unbefleckten Empfängniß gestritten, lebte im zweiten Jahrzehnt desselben Jahrhunderts ein junger Elsässer als Klosterbruder. Seine feurigen Augen und die dunkle Farbe der Haut gaben dem schmächtigen Jüngling etwas Auffallendes in der äußeren Erscheinung: es war Martin Butzer aus Schlettstadt, der spätere Reformator Straßburgs*). Sein Wissensdurst hatte ihn im Kloster seiner Vaterstadt nicht ruhen lassen, bis seine Oberen einwilligten, daß er nach Heidelberg geschickt wurde, wo er seinen Lerntrieb befriedigen konnte. Und er hat die gebotene Gelegenheit gut ausgenützt. Von Johann Brenz, dem späteren Reformator Württembergs, lernte er Griechisch und würzte seitdem seine lateinischen Briefe an Humanisten reichlich mit griechischen Citaten. Der gelesenste Schriftsteller der Zeit, der eigentliche Modeschriftsteller, ist Desiderius Erasmus, und obgleich derselbe die Mönche oft zur Zielscheibe seines Witzes machte, weiß sich der Heidelberger Dominikaner doch dessen im elegantesten Latein geschriebenen Büchelchen zu verschaffen und wird ein begeisterter Anhänger des gefeierten Humanistenkönigs. Seinen Abt Bernhard, der einmal das Glück gehabt, das humanistische Treiben in Basel aus der Nähe zu sehen, gewinnt Butzer und erhält von ihm die Erlaubniß, den jüngeren Brüdern das „Lob der Narrheit" und die Querela pacis des Erasmus zu erläutern. Bald knüpft er von seiner Klosterzelle aus literarische Verbindungen an mit glänzenden Namen der neuen Bildung, und in Sonderheit machte er Beatus Rhenanus, den Liebling des Erasmus, zum Vertrauten seiner Studien und gelehrten Freuden. Bald frägt er bei ihm an wegen einer Stelle in den Adagia des Erasmus, die er glaubt anders verstehen zu müssen, als der gefeierte Meister, bald trägt er Grüße auf zur Bestellung an Wimpfeling, Sapidus und Phrygio. Obgleich selbst Dominikaner, also Mitglied des Ordens, der den Zeitgenossen als die Verkörperung des Obscurantismus und der Scholastik erschien, bedient er sich doch der humanisti-

---

*) Die Quelle für die folgende Darstellung ist A. Horawitz und K. Hartfelder, Briefwechsel des Beatus Rhenanus (Leipzig 1886) S. 106 ff., 120 ff., 142 ff., 165 ff., 201 ff., 216, 219 u. f. w. Vgl. dazu J. W. Baum, Capito und Butzer (Elberfeld 1860) S. 92 ff. Butzer wurde den 31. Januar 1517 in Heidelberg immatrikulirt.

schen Sprechweise: die Scholastiker nennt er Sykophanten oder Sophisten und klagt über ihre Feindseligkeit gegen die „besseren Wissenschaften". Die Zeiten erscheinen ihm unglücklich, weil der Humanist Kierher und der jugendliche Bernardus Maurus, der Lieblingsschüler Philipp Melanthons während seiner Tübinger Zeit, vom Tode dahingerafft worden. Ja, er ist so sehr Humanist, daß er sogar für Reuchlin gegen die Kölner Dominikaner Partei ergreift, und wir werden es begreiflich finden, daß die Confratres daran Anstoß nahmen und er ihnen verdächtig wurde. Neben Erasmus wird Luther der Mann seiner Verehrung: unter denen, welche bei der Disputation Luthers zu Heidelberg im Jahre 1518 auf die kühnen Worte des Augustiners lauschten, ist auch Butzer und schreibt die Worte Luthers möglichst genau nach, um das Ganze sofort an Rhenanus schicken zu können. Nach der Disputation sucht er Luther zu einer besonderen Besprechung auf, und dabei kommt es ihm vor, als ob zwischen Luther und Erasmus kein weiterer Unterschied existire, als der, daß Luther laut und offen lehre, was der andere bloß andeute. Mit der Clausur scheint es im Kloster nicht allzu streng genommen worden zu sein; denn während seiner Heidelberger Zeit treffen wir Butzer gelegentlich in Frankfurt und Speyer, ja er darf sogar nach Basel reisen, welches damals, auch wegen seiner Druckereien, neben Erfurt und Nürnberg der bedeutendste Platz für die Humanisten war. Immerhin mag er im Kloster auch manche trübe Stunden gehabt haben, und die unverhohlene Parteinahme gegen Hogstraten, den bekannten Kölner Dominikaner, hat gewiß gelegentlich seinen Aufenthalt im Kloster verbittert und mit der Zeit ihn zum Orden hinausgedrängt. Aber doch dürfte die Schilderung, welche er später (1523) in seiner „Verantwortung" von seinem Heidelberger Klosterleben macht, etwas zu düster gemalt sein. Er sagt da, er habe in Heidelberg „viel erlitten um der lateinischen Sprach willen, der ich zu verstohlenen Zeiten nachhieng; dieweil sie (die Dominikaner) deren bloß sind, wollen sie auch niemand anders bei ihnen die lassen lernen". Als er die jungen Mönche auch etwas Lateinisch und Griechisch habe lehren wollen, da habe man ihn bald für den größten Uebelthäter im Orden gehalten. Besonders nachdem sie inne geworden, „daß er mit etlichen gelehrten Leuten Kundschaft" hätte, seien sie übel mit ihm umgegangen. Aber er achte, daß es kaum andere Mönche gäbe, „die gelehrten Leuten so heftig zu wider seien und allweg gewesen, als die Predigermönch. Denn ihnen vielleicht weh thut, daß die Leute nicht mehr so blind wollen sein und sie für gelehrt halten, die doch nichts wissen dann ein wenig in den verführerischen unchristlichen Büchern ihres Thomas von Wasserburg, den sie von Aquino nennen" *). Diese trüben Bilder dürften der letzten Zeit angehören, die Butzer im Kloster war, und wo er bereits an den später auch vollzogenen Austritt dachte. Aus seinen eigenen Briefen der früheren Zeit gewinnen wir ein freundlicheres Bild, wo er lernend und lehrend unter den Conventualen sitzt, dem verehrten Erasmus eine kleine Gemeinde sammelnd, begünstigt vom Prior und wenigstens geduldet vom Lektor. Die fünfzehn Klosterjahre, die er in Schlettstadt, Heidelberg und Mainz durchlebt hat, „nachdem die Verzweiflung einen Mönch aus ihm gemacht", und ganz besonders die Heidelberger waren eine Zeit des Sammelns und Lernens, die später ihre reichen Früchte getragen hat. Hier bildete er sich zum Erasmianer, welcher dann mit der weitergehenden Entwickelung den Schritt von Erasmus zu Luther, von den Klassikern zum Evangelium gewagt hat.

Bisher war von einem Heidelberger Kloster nicht die Rede, obgleich es das älteste und größte der Stadt war. Auf dem Platze zwischen dem Universitätsgebäude und dem Gymnasium, wo jetzt das Museum steht, lehnte sich das stattliche Augustinerkloster an die westliche Stadtmauer. Seit alter Zeit hatte dasselbe eine Verbindung mit der Universität. In den Räumen desselben fand den 26. April 1518 jene denkwürdige Disputation statt, bei welcher Luther vor vielen Zuhörern seine Theologie in Thesenform vertheidigte **). Doch kann hier darauf nicht eingegangen werden; denn die augustinische Theologie Luthers hatte nichts mit dem Humanismus zu thun. Die Verbindung von Reformation und Humanismus ist erst in den nächsten Jahren geschlossen worden.

Ueberblicken wir aber noch einmal das Ganze, so ergibt sich, daß auf diesem engen Raume, in den stillen Zellen der Heidelberger Mönche die ganze Entwickelung des deutschen Humanismus in typischer Weise sich spiegelt. Abgesehen von der wenig bedeutsamen deutschen Frührenaissance ist hier jede Entwickelungsphase vertreten. Der ältere oberdeutsche Humanismus lebte im tiefsten Frieden mit der Kirche. Viele seiner Anhänger sind Geistliche oder sogar Mönche. In dem Geiste dieser Männer vertrug sich die gläubige Hingabe an die Lehren der

---

*) Diese Citate aus Butzers Schrift: „Mit ortheylen vor der zeyt. Verantwortung ꝛc." sind in der Sprache und Orthographie modernisirt. Ich benützte von dieser nicht häufigen Schrift das Exemplar der Heidelberger Bibliothek.

**) Die Literatur darüber ist jetzt vollständig verzeichnet in der neuen Ausgabe von Luthers Werken (Weimar 1883) I. 350 ff.

mittelalterlichen Kirche mit der neuen Bildung, mit der Begeisterung für das reine Latein und die Klassiker der Alten. Ja eine ursprünglich rein scholastische Frage wie das Dogma von der unbefleckten Empfängniß wird zugleich auch eine humanistische. Diese Stufe repräsentiren Werner von Themar, Jakob Wimpfeling und ihre Freunde. Die Uebungen im St. Jakobsstift und die scholastischen Disputationen in dem Dominikaner- und Franziskanerkloster sind Aeußerungen dieser Richtung.

Vielfach verquickt damit ist die weitere Entwickelung, welche durch Namen wie Johannes von Dalberg, Konrad Celtis, Johannes Vigilius, Dietrich von Plenningen und Andere bezeichnet ist. Auch hier existirt noch kein feindlicher Gegensatz zur Kirche und ihren Lehren. Aber den meisten dieser Männer mangelt die Wärme für die religiösen Probleme. Ihre Begeisterung gilt der Schönheit des klassischen Alterthums, und sie leben so sehr in dessen Reminiscenzen, daß wenig Raum für die Religion und die Kirche bleibt. Ihr Treiben ist durchaus weltlich, ästhetisch und wissenschaftlich. Diese Stufe repräsentirt der Prämonstratenser Dracontius, dessen Eigenschaften als poeta, historiographus und cosmographus gerühmt werden, von dessen Theologie aber die Quellenberichte vollständig schweigen.

Das lockere Band zwischen Humanismus und Scholastik löst sich sodann durch den Spötter Erasmus, den Feind der Mönche und Sophisten. Die Kirche als solche will er zwar keineswegs bekämpfen, aber er gibt ihre meisten Vertreter und deren eigenartige Bildung dem allgemeinen Gelächter preis. Zu den Fontes, nach welchen der Humanismus ruft, gehören ihm auch die Schriften des Neuen Testamentes in ihrem griechischen Urtext. Die Männer dieser Richtung gingen dann später schaarenweise, ohne sich um den bis dahin vergötterten Meister Erasmus weiter zu bekümmern, der im letzten Augenblick noch Halt machte, in das Lager Luthers über, wo sie in der Lehre vom rechtfertigenden Glauben und deren Mystik die Befriedigung fanden, die ihnen der wasserklare Rationalismus des Erasmus nicht zu geben vermochte. Der Vertreter dieser letzten Entwickelungsstufe des deutschen Humanismus, der zu einer langdauernden Verbindung zwischen „Evangelium" und klassischem Alterthum geführt hat, ist der Dominikaner Butzer, der zuerst viel Ungemach „um der lateinischen Sprache willen" duldete und dann in der erneuerten Kirche den Beruf für das Leben gefunden hat.

Beilagen.

Dieselben entstammen sämmtlich dem Briefcoder des Celtis, Handschrift Nr. 3448 der Wiener Hofbibliothek, worüber Aschbach (Geschichte der Wiener Universität II. 262) nachzusehen. Da die Handschrift nicht ausgeliehen wird, benützte ich eine von Klüpfel gefertigte Abschrift derselben auf der Freiburger Universitätsbibliothek.

Aus einem Brief des Johannes Vigilius*) an Konrad Celtis.

5. Mai 1495.

Jacobus Dracontius, flamen Cereris, non desinit esse poeta, orator, historiographus, cosmographus, astronomus; quin una omnibus inservit diligentissime, globum iam quasi perfecit, magnum admodum, ubi servavit astra, ventos, maria, et quidquid ad hanc rem attinet. Gaudebis, spero, aliquando, eum adeo profecisse. Dedisset ad te litteras, si eum de nuntio certiorem reddidissem.

Jakob Dracontius an Konrad Celtis.

Heidelberg   29. Juni 1496.

Jacobus Dracontius, Praemonstratensis, discipulus, illustri viro, Parrasica lauro imperatoriis manibus coronato, sodalitatis litterariae per Germaniam senatorii ordinis patrono, philosopho maximo patrique admirando, in manus suas.

S. P. D. Venit Heidelbergium IV Kal. Julii**) tabellarius

---

*) Ueber Vigilius, eigentlich Wader, Professor der Jurisprudenz an der Universität Heidelberg, vgl. K. Hartfelder in Sybels Historischer Zeitschrift. Bd. 47 (N. F. 11) S. 23.

**) 28. Juni.

quidam, a tua praestantia missus, qui doctori Vigilio res tuas, quae mihi non parum placent, afferret. Attulit quidem, sed doctorem nostrum, Musarum hospitem, suis penatibus non offendit. Iniqua id sorte accidisse non ambigo. Scio... summa tibi voluptas accrevisset, si hunc tuum nuntium coram habuisset, et id non nisi tui (sic) causa, qui amantissimis eius praecordiis totus insides, totus cohaeres, totus pectora eius occupare videris ob ingenuas virtutes, quibuscum divus Apollo donavit, ornavit et nobilem *) fecit. Ne autem diutius, quam par est, animum tuum **) suspectam causam e vestigio adducam: ubinam dominus doctor Vigilius hac tempestate, qua litteras tuas missas Musa tua clausas vidimus, sese contulerit. Non dubito, quin sibi ipsi stomachabitur (?), dum rem ipsam habebit apertam. Hic ex sodalitate litteraria unus ***) cum Musis abiit, abbatem Spanheimensem†), philosophorum asylum et decus maximum, cum ceteris Phoebaeis viris visurus. Est enim comes doctissimi Vangionum antistitis ††), philosophorum omnium per Germaniam nostram magnifici principis. Non adest dominus Joannes Reuchlin ῥευχλὶν, quem nosti. Nec adest philosophus ille Jo. Bugmann (?) et miles †††) auratus philosophus, qui Wormatiae aliquando delituit. Hi pari animo Rhenum transeunt, Bacchanalia siccant pocula. Non deest inter epulas Apollo Pater, altissima illa virorum ingenia movens. Hic variarum rerum peritia, hic sorores Pierides, hic denique tota philosophia pererrat *†). Hanc unam voluptatem inimica fortuna mihi lacrymanti ademit. Mallem ego his ingenuis viris coivisse, quam domi moerore torqueri, quam vivere, si possibile foret, natum alvo (?), si quem haberem reconditum, effunderem: adeo avidus, adeo praeceps in huiusce rei desideria feror.

---

*) Es scheint „te" hier ausgefallen zu sein.
**) Hier scheint ein Wort ausgefallen, etwa wie „excruciem".
***) Wahrscheinlich zu verändern in „una".
†) Abt Trithemius in Kloster Sponheim. Vgl. über ihn Silbernagel, J. Trithemius (Landshut 1868). W. Schneegans, Abt Trithemius (Kreuznach 1882).
††) Ist Bischof Johann Dalberg von Worms. Die Literatur über ihn L. Geiger, Renaissance und Humanismus (Berlin 1882) S. 577.
†††) Dazu steht am Rande: H. de Bünau, über welchen K. Hartfelder, in Sybels Historischer Zeitschrift Bd. 47 (N. F. 11) S. 31.
*†) Wahrscheinlich ist hier zu verändern in „peritiam" und „totam philosophiam".

Tu nosti, quanto furore, te institutore, plurima scitu admodum iucunda nanciscebar. Hactenus me huiusmodi fervor insatiatum reliquit. Referre tibi gratias, dum melius mihi locuples Croesus accedet, anhelo. Haec ad te praeceptorem scribere volui, tum ne tui me oblitum omnino cogitares, tum ne nuntius tuus, D. Vigilii solatiis destitutus, tristis hinc migraret. Officium enim doctoris nostri, viri optimorum studiorum cupidissimi, quibus potui rebus, exegi; verum si ille domi inventus fuisset, dulcibus te litteris salutasset et corculum suum, si fas et possibile esset, tibi viro integerrimo dono misisset. Eo autem redeunte Heidelbergam, dum opportunum fuerit, tibi in pari amicitia respondebit. Tu interea vale et tuum Jacobum Dracontium ama. Jus etenim patris in me tu habes, quoad vires mihi sint superstites. Vale iterum.

Cuspidium*) et felicem eum nomine meo dicito. Haec revera ocyssime scripsi. Quare nihil effingere potui, quod tuam magnificentiam deceret. Vale tertio.

Ex aedibus nostris III Kal. Julias Anno 96.

Tu ingenium meum aliquando adiuva.

Aus einem Brief des Johannes Bigilius an Konrad Celtis.

15. November 1496.

Dracontius salutavit praesulem nostrum**), quando ultimo rediit, carmine Sapphico dulci et suavi, quindecies repetito (tot enim habet portiunculas), quo sibi episcopum adeo conciliavit, ut velit eum fovere et educare ut filium suum, quasi unigenitum; decrevitque, voluit et per sententiam mandavit Joanni Capnioni***), ut per hyemem futuram sit ei praeceptor in Graeco et reliquis, quibus tandem ad unguem perficiatur. Meministi tu iam elapsum dumtaxat annum, ubi ille Jacobus adhuc rudis, barbarus et indoctus nostra convivia primum degustavit †); sed gaudebis tu perpetuo, quod ei prima rudimenta et incitamenta ad philosophiam dedisti, ego vero paulo minus, qui ei saltem paululum ad hoc contribuerim. Illud praeterea mihi in prae-

---

*) Ueber den Heidelberger Humanisten Heinrich Spieß oder Cuspidius vgl. K. Hartfelder in Sybels Historischer Zeitschrift Bd. 47 (N. F. 11) S. 32.

**) Bischof Johann Dalberg von Worms.

***) Reuchlin.

†) Am Rande steht: Celtis praeceptor Dracontii.

sentia curae est, ut in Bursa nova*) eligantur, immo deligantur quotidie ad hanc rem idoneiores magisque capaces, quos Dracontio committo, et eos nonnunquam ad conspectum meum voco, persuadens eis omne delectamentum philosophiae etc.

Jakob Dracontius an Konrad Celtis.

Heidelberg 25. Februar 1497.

Parnasico civi hederaque caput redimito, Con(rado) C(elti), Aonii liquoris affluentissimo philosopho, cosmographo oratorique excelso et praecipuo.

Dracontius Celti Protucio, praeceptori clarissimo, iucunditatem. Non potui, mi Conrade, quidquam hac tempestate in tua re perficere nec inchoare quidem, ubi me volebas aenigmatum carmina, tui causa, exscribere debere. Nam continuo sudoribus plurimis expositus, praecipue propter futurum, quod in proximo est, bonarum artium doctoratum, ad vota obtemperare tibi nequivi, postea tamen, quae voles, expleturus. Graecam lectionem ad tempus penes me dormitasse scias ob plerosque, ut diximus, labores. Quare nil modo penitus ad te mittere curo, donec Attica tellus, Euboicis littoribus vicina, accuratius me instituat: tum tibi praeceptori meo, quoad vixero, venerando, laborum vigiliarumque mearum, si quae sunt rudimenta, castiganda transmittam, diligentius tuarum disciplinarum fomenta institutionesque secuturus. Mitto tuae praestantiae Urbani cuiusdam Prebusini**) orationem non minus elegantem quam nostri aevi nomine tantum philosophus docte carpentem. Hanc legas. Offendes, quae te legisse non poenitebit. Huiusce copiam inter Noricos, quorum tu pane potuque foveris, hactenus non esse credo, cum Francofordiae paucis ante diebus in publicum recitata sit. Paschalia ceterum me tempora primo***) artium doctorem videbunt. Magistrandorum id multitudo distulit usque illuc. Vale et Dracontium saepiuscule commenda, et si quid secreti

---

*) Vermuthlich ist das die erst 1498 errichtete Juristenburse, über welche Hauß, Geschichte der Universität I. 334 zu vergleichen ist.

**) Ueber diesen Schüler des Celtis vgl. J. Aschbach, Die früheren Wanderjahre des Conrad Celtis (Wiener Sitzungsbericht phil.-hist. Cl. Bd. 60. Heft I. S. 120).

***) Wahrscheinlich verlesen aus proxima.

elucubraveris novique, quod scitu amoenum esse non ambigo, me huius participem efficito. Cuspidianum*) nostrum saluta. Caveat, quaeso, ille Erigonem coelo cubantem, Cassiopeiam vel illam Andromedam alvo tumescere faciat. Nam, ut nosti, ad eas avidissimus amator est et explorator. Vale rursus, Pagasidum cultor sororum.

Ex Heidelburgo quinto Kalendas Marcias Anno Natalis Domini 97.

---

*) Der erwähnte Spieß oder Cuspidius.

Deutsche Fürsten und Kleinstaaten vor hundert Jahren.

Von

Georg Weber.

I.

Man hat den deutschen Historikern öfters den Vorwurf gemacht, daß sie ihren Fleiß und Forschungstrieb mehr dem Auslande zuwenden als dem vaterländischen Geschichtsleben. Auch wir haben uns von diesem Vorwurf nicht frei gehalten. Die beiden ersten Artikel, welche die Ueberschrift „Streiflichter auf das achtzehnte Jahrhundert" *) tragen, beleuchteten die geistigen Zustände von England und Frankreich in der ersten Hälfte des achtzehnten Jahrhunderts. Nun wollen wir aber zu dem vaterländischen Boden zurückkehren. Und wir thun das um so freudiger und sicherer, als wir nunmehr die geistigen Phänomene, welche auf die heimische Entwickelung, auf die dominirenden Richtungen und Bestrebungen der deutschen Nation von Einfluß gewesen sind, als bekannt voraussetzen dürfen. Dabei haben wir den Vortheil, daß wir von der allernächsten Heimath, von Heidelberg ausgehen können, indem wir an die gehaltvolle akademische Rede anknüpfen, welche Professor Erdmannsdörffer als Prorector des Jahres 1884 an dem als Stiftungstag der Universität Ruperto-Carolina festgesetzten 22. November über ein wichtiges historisches Thema „Aus den Zeiten des deutschen Fürstenbundes" gehalten hat. In ihren kurzen historischen Umrissen finden

---

*) Allgem. Zeitung 1885. Nr. 32. 37.

wir die Grundlinien und Elemente angedeutet, welche wir in folgenden Blättern unserer Betrachtung unterziehen wollen: den deutschen Fürsten- und Staatenbund; die beiden vorherrschenden Monarchen Friedrich den Großen und Joseph II., und endlich die geistigen Zustände und inneren Lebensrichtungen des deutschen Volkes in seinen Häuptern und Gliedern. Welche Fortschritte die europäische Menschheit in dem Zeitraum eines Jahrhunderts in der Auffassung und Beurtheilung der himmlischen und irdischen Dinge gemacht hat, erkennt man am deutlichsten durch eine Vergleichung des Jahres 1685 und 1785. Am 22. November 1685 wurde in Frankreich das Edikt von Nantes aufgehoben und damit die katholische Kirchenlehre nach jesuitischer Auffassung zum Regulator des geschichtlichen Lebens und der Politik erhoben. Der Coalitionskrieg der neunziger Jahre bis zum Frieden von Ryswick war im innersten Kern ein Culturkampf zwischen den beiden Confessionen: in England, in den Niederlanden, in der Rheinpfalz sollte der Protestantismus unterdrückt werden und mancher zelotische Mund mochte frohlockend ausrufen wie einst der Kurfürst von Trier im dreißigjährigen Krieg: jetzt mögen die Evangelischen ihr Felleisen einpacken, denn im Reich werde man sie nicht mehr dulden. Und am 23. Juli 1785 wurde der Fürstenbund abgeschlossen, in welchem der Kurfürst von Mainz mit dem König von Preußen und mit andern protestantischen Fürsten sich zur Erhaltung des Reiches in seinem dermaligen Bestand gegen die Neuerungsversuche Kaiser Josephs II. vereinigte, ohne daß dabei nur mit einer Silbe der religiösen Dinge gedacht worden wäre. Die Macht der Philosophie hatte einen weiteren Gesichtskreis geöffnet. Wie im 17. Jahrhundert der Jesuitenorden Vernunft und Wissenschaft mit einem engen Zaun einhegte, so waren im achtzehnten Humanität, Toleranz und Menschenliebe die herrschenden Ideen. Der feindselige Jesuitenorden war durch das Oberhaupt der Kirche selbst aufgelöst worden; Katholiken und Protestanten reichten sich die Bruderhand zur Erhaltung des Friedens und der Wohlfahrt der Völker. Hat das Jahr 1885 auf geistigem Gebiete ähnliche Errungenschaften zu verbuchen? Wohl fehlte es auch im achtzehnten Jahrhundert nicht an Conversionen in fürstlichen Kreisen. Hessen-Kassel, Württemberg, Anhalt erhielten vorübergehend katholische Regenten, andere wurden dauernd für die katholische Kirche gewonnen. Aber die Motive des Uebertritts lagen meistens außerhalb der Kirche. Der folgenreichste Schritt war die Bekehrung Friedrich Augusts des Starken von Kursachsen, der, wie ein berühmter Kirchenhistoriker unserer Tage sich ausdrückt, gleichzeitig mit seiner Bewerbung um die polnische Krone sich von der Wahrheit der katholischen Kirche überzeugte, und der Uebertritt des herzoglichen Hauses Pfalz-Zweibrücken, wodurch sich dasselbe die Erbfolge in Churpfalz und Churbayern zu sichern gedachte, da Karl Theodor keine legitimen Erben hatte.

Trotz des Uebertritts des Herzogs und Pfalzgrafen Christian IV. und der katholischen Erziehung seiner beiden Söhne Karl und Maximilian Joseph war die Erbfolge der Zweibrücker Linie in das Gesammtgebiet der Wittelsbacher keineswegs gesichert. Oesterreich machte alte, wenn auch sehr zweifelhafte Ansprüche auf Bayern geltend, wodurch der Verlust von Schlesien ausgeglichen werden sollte. Es war weniger die Kaiserin Maria Theresia, die Scheu trug, ihre letzten Jahre mit einem neuen Krieg wider den gehaßten und gefürchteten Rivalen zu beunruhigen, welche die Erwerbung des Nachbarlandes anstrebte, als ihr Sohn, der bereits zum römisch-deutschen Kaiser gekrönte Joseph II., dessen hochfahrender Geist und erregbare Natur ihm unaufhörlich ehrgeizige und herrschsüchtige Pläne eingaben. Karl Theodor wurde durch diplomatische Künste, durch Einschüchterungen und Versprechungen zu einem Vertrag gebracht, durch den er Niederbayern und andere Theile des Kurfürstenthums an Oesterreich abtrat. Die Einsprache, die von Pfalz-Zweibrücken und andern Höfen gegen das Abkommen erhoben wurden, gaben dem preußischen König Veranlassung, sich in die Angelegenheit zu mischen und für die Erhaltung des Bestehenden einzutreten. Daraus ging der bayerische Erbfolgekrieg hervor, in welchem zwar im Felde nur wenig, desto mehr mit der Feder gestritten wurde, indem sich beide Theile bemühten, durch gelehrte juristische Schriftstücke ihr Recht zu beweisen. Der Federkrieg über die bairische Erbfolge förderte hundert gelehrte Abhandlungen und publicistische Deductionen ans Licht und regte den Scharfsinn der zünftigen Juristen und Diplomaten zu einer erschreckenden Fruchtbarkeit an. Unter französischer und russischer Vermittelung kam endlich am 22. Mai 1779, ein Jahr vor Maria Theresia's Tod, der Frieden von Teschen zu Stande, der Josephs ursprüngliche Forderungen auf ein geringeres Maß reducirte.

Kaiser Joseph II. gab indessen den Plan nicht auf, das so günstig gelegene Isarland mit Oesterreich zu vereinigen. Schon Johannes v. Müller macht die Bemerkung, daß die Besitznahme Bayerns der erste Schritt zur Eroberung Deutschlands wäre. Wie mußte ein solcher Gedanke das ehrgeizige Herz des habsburgisch-lothringischen Herrschers reizen! Man erinnerte sich in Wien noch wohl der Zeit, da das Herzogthum Württemberg unter österreichischer Verwaltung gestanden hatte. Konnten die alten Ansprüche nicht wieder erneuert werden? Breisgau und die Länder des Oberrheins auf beiden Seiten des Stromes waren noch habsburgische Besitzungen. Und welche Besorgnisse mußten die Eingriffe und Uebergriffe in die geistlichen Fürstenthümer erregen? Joseph brachte die Wahl seines Bruders Maximilian zum Coadjutor von Köln und Münster zu Stande; er riß von den Bisthümern Passau und Salzburg eigenmächtig diejenigen Theile los, die in Oesterreich lagen und bedrohte Constanz und Regensburg mit einem ähnlichen Verfahren. Es war das Ueberraschendste, bemerkt Erdmannsdörffer, was geschehen konnte, wenn der Kaiser, dessen Vorgänger von Alters her Schutzherren des geistlichen Fürstenthums gewesen waren und auf dieses zum guten Theil ihren Einfluß im Reich gestützt hatten, jetzt sich nicht scheute, diesen ansehnlichen Theil des deutschen Reichsfürstenstandes aufs empfindlichste zu verletzen und zu bedrohen. Bei diesen Plänen hatte jedoch Joseph nicht blos Landgewinn im Auge; er wollte zugleich das deutsche Element in seinem Reiche stärken. In einer Reihe von Vorträgen, welche Professor K. Th. Heigel im Jahre 1881 unter dem Titel „Aus drei Jahrhunderten" herausgegeben hat, heißt es in dieser Beziehung von Joseph: „Er schätzte das deutsche Element als das pulsirende Blut im österreichischen Staatskörper, der Erwerb jener rein deutschen Gaue war für seine Monarchie ein Zuwachs von Lebenskraft, für seine Culturpläne eine Bürgschaft des Gelingens."

Unter solchen Umständen und Stimmungen war es begreiflich, daß die allmählich in die Oeffentlichkeit dringende Kunde von dem beabsichtigten Austausch des Herzogthums Bayern gegen die österreichischen Niederlande, über welchen der Kaiser und der Kurfürst Karl Theodor übereingekommen wären oder doch in Unterhandlung ständen, im ganzen deutschen Reiche große Aufregung und Besorgniß erzeugen mußte. Die habsburgische Dynastie legte von jeher auf die fernen Niederlande keinen sehr großen Werth. Man hat sie vor und nach dieser Zeit stets bereitwillig als verschmerzliches Tauschobject angesehen. Waren sie doch einer fortwährenden Bedrohung von Frankreich ausgesetzt und von den Holländern vertragsmäßig durch Schließung der Scheldemündung und das „Barrièresystem" der Besetzung der Grenzfestungen mercantil und militärisch unterdrückt. Sie hatten ganz andere Interessen als die der Gesammtmonarchie und hemmten die österreichische Politik häufig durch die Rücksicht auf die Westmächte in der freien Bewegung. Wie ganz anders lockte dagegen die Abrundung Oesterreichs durch die Erwerbung Bayerns, die Ausdehnung des kaiserlichen Nachbarreichs im südlichen Deutschland, die nähere Verbindung mit den italienischen Besitzungen!

Der Kurfürst Karl Theodor war geneigt, auf den Plan einzugehen. In Bayern fühlte er sich stets als Fremdling, während seine Jugenderinnerungen in das belgische Land führten; dazu lockten ihn die reicheren Einkünfte, die er zu erwarten hatte, und der Glanz eines „burgundischen Königthums". Er gedachte seine Stammlande Pfalz und Jülich-Berg mit der neuen Erwerbung zu einem großen rheinischen Territorium zu verschmelzen.

Die kleineren und mittleren Reichsstände hatten alle Ursache zur Besorgniß. Die gleichzeitigen Streitigkeiten mit der Republik Holland, die Joseph zur Aufhebung der Scheldesperrung und des Barrièrrechts zwingen wollte, gaben Zeugniß von der gewaltthätigen, durchfahrenden, die Verträge mißachtenden Art des Kaisers. Dazu war es Joseph gelungen, die russische Kaiserin Katharina, die gegen den satirischen spottsüchtigen König von Preußen stets eine offenkundige Abneigung und Eifersucht hegte, auf seine Seite zu ziehen. Eine persönliche Zusammenkunft Josephs mit Katharina in Mohilew hatte zu einer Allianz geführt, in Folge deren österreichische Heere die Russen in dem Türkenkrieg unterstützten und der Zarin die Besitzergreifung des Küstenlandes am schwarzen Meere sammt der Halbinsel Krim ermöglichte, ohne daß der Kaiser einen Gewinn für sich verlangt hätte. Zwischen Frankreich und Oesterreich bestand das freundschaftlichste Verhältniß, seitdem Maria Theresia's schöne Tochter Marie Antoinette die Gemahlin des Dauphin geworden war. Die Besorgnisse mußten noch wachsen, wenn man auf die allarmirenden Maßregeln des Kaisers in dem innern Reichsorganismus blickte; wenn man erwog, „wie er die Thätigkeit des Reichstages thatsächlich zum Stillstand brachte, und daneben durch seinen Reichshofrath in Wien sich die eigenmächtigsten Eingriffe in das Leben der einzelnen Territorien gestattete, wie er mit seinen kaiserlichen Debitcommissionen auf die Finanzverhältnisse der Reichsstände einen bestimmenden Einfluß zu üben, oder mit seinen kaiserlichen Panisbriefen die Kassen der deutschen Stifter und Klöster zu beschweren suchte", so mußten alle diese ungewohnten Neuerungen Argwohn und Verstimmung in weiten Kreisen erregen.

So lag denn der Gedanke nahe, daß man sich in Deutschland gegen Vergewaltigung schützen müsse. Man war in die Lage der Nothwehr gesetzt. Ein Bund, wie er einst im sechzehnten Jahrhundert in Schmalkalden geschlossen worden war, schwebte vor Augen, nur daß er interconfessionell sein sollte, wie es im Geiste der Zeit lag. Auch wurden nicht wie ehedem die Reichsstädte beigezogen. Sie waren hinter der Zeit zurückgeblieben.

Es ist viel über die Entstehung des Fürstenbundes geschrieben worden. In der „Geschichte der preußisch-deutschen Unionsbestrebungen von W. Adolf Schmidt" umfaßt die Darstellung sammt den Actenstücken über 400 Seiten. In der „Historischen Zeitschrift" vom Jahre 1879 weist J. Bailleu nach, daß Friedrich bei seiner eigenen Isolirtheit gegenüber der Machtstellung Oesterreichs nur im Anschluß an das deutsche Reich eine Stütze suchen konnte und daher Jahre lang eine conföderative Allianz zu begründen gesucht habe, wie sie endlich im Fürstenbund zu Stande gekommen. Dieser Fürstenbund bildete den Abschluß der Versuche, durch friedliche und freie Vereinbarung der Reichsglieder eine festere Organisation zu schaffen, ehe der stürmische Anprall von Außen das ganze Gebäude erschütterte und umstürzte. Die diplomatischen Verhandlungen zwischen den einzelnen Höfen dauerten fast zwei Jahre und wurden nur durch das entschiedene und energische Vorgehen Friedrichs des Großen in Fluß erhalten und zum Abschluß geführt. Der Zweck war die Erhaltung der Integrität des Reichs in seinem dermaligen Bestand, Wahrung der Reichsverfassung und der Reichsjustiz gegen kaiserliche Eigenmächtigkeiten, Abwehr von Willkür und Neuerung und Sicherstellung eines gewissen Gleichgewichts in dem deutschen Territorialsystem. Wie wenig Sinn und Pietät Friedrichs Geist für den wunderlichen Staatsorganismus des römischen Reichs deutscher Nation in sich trug: jetzt übernahm er doch die Rolle eines Schirmherrn.

Es war eine merkwürdige Umwandlung: Preußen, das recht eigentlich im Widerspruch mit den alten Reichsformen emporgekommen war, jetzt als Schützer und Hort derselben auftreten, den Kaiser, den legitimen Schirmherrn des Reichs, die Bahnen revolutionären Umsturzes wandeln zu sehen! Die beiden politischen Gegensätze, die auf den Gang der deutschen Geschichte einen so durchschlagenden Einfluß geübt hatten, geriethen hier noch einmal ernstlich aneinander: auf der einen Seite das habsburgisch-österreichische Bemühen, Deutschland auszubeuten für die Vergrößerung und Abrundung seiner eigenen Hausmacht, auf der andern das Bestreben des Landesfürstenthums, diese wiederauflebenden Kaisergelüste auf ein geringstes Maß zurückzuführen, nöthigenfalls ganz aus dem Reich hinauszudrängen. Der Bund war somit in seinem Grundbestreben conservativer Natur und wollte noch einmal die landesfürstliche Unabhängigkeit, die „deutsche Freiheit" im Sinne des westfälischen Friedens sicher stellen gegenüber den revolutionären imperialistischen Tendenzen Josephs II. Vier Kurfürsten, Brandenburg und Hannover, Mainz und Sachsen und viele mittlere und kleinere Regenten traten bei. Nur Württemberg, das nach der Kurwürde strebte und Pfalz-Bayern hielten zu dem Kaiser.

Unter den 14 Theilnehmern, welche bei Schmidt S. 355 f. aufgeführt sind, ist Herzog Karl von Pfalz-Zweibrücken, der zu der fürstlichen Conföderation die Hauptveranlassung gegeben hatte, der unbedeutendste und unwürdigste. Selbst der Pfarrer Lehmann von Nußdorf, ein actenkundiger Mann, der eine Geschichte des Herzogthums Zweibrücken in trockenem Hofstil verfaßt und dem Prinzen Karl von Bayern bedicirt hat, weiß nur das einzige Rühmliche von ihm anzuführen, daß er wie sein Vater die gelehrten Professoren des Zweibrücker Gymnasiums, Crollius, Exter, Faber u. A. bei der Herausgabe der römischen und griechischen Klassiker gefördert habe. Das lag in der Zeitrichtung. Aus dieser Atmosphäre konnte keiner heraustreten. Aber die übrige, wenn auch noch so vorsichtig gehaltene Schilderung seiner Lebensweise und Regierung läßt in eine trübe Zeit blicken.

Zwar fehlte es Karl II. nicht an Geist, Kenntnissen und sonstigen vorzüglichen Gaben, heißt es in dem genannten Geschichtsbuch), allein sein unbeugsamer Eigen- und Starrsinn, verbunden mit einem starken Hange zu allerlei Zerstreuungen, erstickten dieselben, so daß sie nicht gedeihen und keine Frucht bringen konnten. Seine edle, gebildete und treffliche Gemahlin, Maria Amalia, aus dem kursächsischen Hause, vermochte leider gar nichts über denselben, weil die Hauptfavorite ihn gänzlich beherrschte, während deren Bruder als — dirigirender Minister an der Spitze des Cabinets stand! — Dabei war derselbe ein leidenschaftlicher Jagdliebhaber und ließ, außer den gewöhnlichen Jagdvergnügungen, jährlich ein großes, mehrere Wochen dauerndes, Treibjagen anstellen, das, als ein Fest verwerflichster Sittenlosigkeit, mit Ausschweifungen anfing und endigte und deßhalb die Hauptplage der Unterthanen war.

Diese Jagdliebhaberei ward bei Herzog Karl zur wahren Leidenschaft, so daß das Volk seinen Namen in „Karnickelchen" (Kaninchen) verkehrte. Ueber ihr und den übrigen Frivolitäten der Tage und der Nächte verabsäumte er alle Staatsgeschäfte, die gänzlich den Beamten überlassen blieben. Dabei übte er eine Verschwendung, die über alles Maß ging: „Unverständige Bauten", so faßt ein Zeitgenosse die Hauptzüge seiner Regierung zusammen, „kostbare Meublirung, zahllose Liebhabereien, Alles was dem Gelde weh thut, tausend Pferde im Marstall, noch mehr Hunde in den Zwingern, das ganze Land ein Thiergarten zum Verderben der Unterthanen." Auf einer Anhöhe bei dem Städtchen Homburg ließ er ein prachtvolles Schloß mit Kasernen, Lustgärten und andern Anlagen erbauen, dem er den Namen Karlsberg beilegte und wo er oft residirte. Die Kosten sollen sich auf vierzehn Millionen Gulden belaufen haben, und Karl selbst mußte noch erleben, daß sämmtliche Gebäude und Anlagen durch die Franzosen im ersten Revolutionssturm so gründlich zerstört wurden, daß jetzt kaum mehr die Stätte solcher verschwundenen Pracht und Herrlichkeit aufgefunden werden kann. Friedrich der Große selbst erkannte, wie er in einem Briefe an seine Minister Finkenstein und Hertzberg schrieb (11. Febr. 1785), daß ein so träger Fürst, ein so frivoler Hof und ein so unzuverlässiges Beamtenthum sehr zerbrechliche Stützen seien.

II.

Zu dem Herzogthum Pfalz-Zweibrücken gehörte auch das Städtchen Bergzabern, dem Schreiber dieser Zeilen, so wie dem Münchner Bildhauer Professor Knoll und dem Metzer Advocaten Pistor, dem politischen Flüchtling aus den dreißiger Jahren, wohl bekannt. Es ist ein reizender Fleck Erde, in welchem das alte Städtchen am Fuße von Rebhügeln und laubbedeckten Berghöhen hingelagert ist, ehemals mit Thürmen und Mauern, zum Schutz gegen feindliche Angriffe versehen. Auf der schönen Hügelkette des Haardtwaldes, die sich im Norden nach beiden Himmelsgegenden ausdehnt und romantische Schloßruinen, wie die Madenburg und die hohenstaufische Reichsfeste Trifels auf ihren Gipfeln trägt, überblickt man nach Osten die blühende Rheinebene bis zum Heidelberger Schloß und gen Süden die majestätische Bergreihe des Schwarzwaldes bis über Baden hinaus. Westwärts ziehen sich meilenweit dichte Waldungen bis in die Gegend von Zweibrücken, nur von wenigen größeren Ortschaften durchbrochen, darunter das Städtchen Dahn mit seinen verwitterten Berggipfeln, die wie eine zerfallene Stadt aus der Vorzeit Gemüth und Phantasie mächtig ergreifen, und Pirmasens auf einer rauhen Hochebene.

In diesem alten Städtchen Bergzabern, dessen Schloß mit den anstoßenden Gärten und Herrschaftsgebäuden öfters als Wittwensitz für die pfalzgräflich zweibrückische Herzogsfamilie gedient hat, reifte im ersten Drittel des achtzehnten Jahrhunderts eine Fürstentochter zur Jungfrau heran, die zu den begabtesten und bedeutendsten Persönlichkeiten ihrer an genialen Naturen so reichen Zeit gehört — Caroline, in der Folge bekannt und gefeiert als die große Landgräfin von Hessen. Hinter den großen Weltbegebenheiten, die bald nach ihrem Tode Europa durchstürmten, ist die merkwürdige Fürstin lange in Schatten getreten; erst in neuester Zeit ist ihr Andenken in öffentlichen Blättern und Zeitschriften (Grenzboten Nr. 36. 1885) wieder aufgefrischt worden. Nach dem Tode des Vaters (1735), mit ihrer Mutter Caroline das Schloß in Bergzabern beziehend, verbrachte sie ihre Jugendjahre in der romantischen Gegend, wie ein junges Reh die Tannenwälder durchstreifend und ihren Geist stärkend an den Eindrücken einer erhabenen Natur, die in ihrem Gemüthe mit den religiösen Gefühlen zusammenliefen*). In ihrem zwanzigsten Jahre (1741) reichte sie die Hand dem um zwei Jahre ältern Landgrafen Ludwig IX. von Hessen, welcher von seiner Mutter, der Erbgräfin von Hanau-Lichtenberg, auf beiden Seiten des Oberrheins beträchtliche Besitzungen ererbte, die er mit seinen Stammlanden verband. Das lieblich gelegene Städtchen Buchsweiler war die Residenz des landgräflichen Hofes unter französischer Hoheit. Dort weilte auch das Paar mehrere Jahre.

Ludwig IX. gehörte zu den originellen Fürstengestalten, an denen jene Zeit dynastischer Territorialhoheit so reich war, deren ganzer Sinn ausschließlich auf einen Lieblingsgegenstand, auf ein Sonderinteresse

---

*) In dem „Historischen Taschenbuch" vom Jahre 1853 befindet sich ein Lebensbild „Die große Landgräfin"; darin wird ein Verschen citirt, aus welchem hervorgeht, wie die Einsamkeit des Waldes ihr zur unsichtbaren Kirche ward:

Jüngst ging ich in dem Walde weit,
Wo kein betret'ner Steg sich dehnet,
Aus der Verderbniß dieser Zeit
Hatt' ich zu Gott mich hingesehnet.

sich richtete. Aus dem preußischen Militärdienst, dem er als Erbprinz angehörte, den er aber auf den Wunsch des gut kaiserlich gesinnten Vaters aufgab, nahm er die Neigung für den Soldatenstand in seine Residenz mit, und da ihm die Nähe und Schutzherrschaft Frankreichs unbequem war, schlug er seinen Sitz in Pirmasens auf, einem einsamen, von dichten Wäldern umgebenen Dorfe, das sich einst um die Zelle eines Eremitenheiligen gebildet hatte. Hier, in einem öden Winkel des Wasgaues, wohin kaum eine ordentliche Straße führte, 16 deutsche Meilen von dem Hauptlande, nahm Ludwig seinen Wohnsitz und machte den Ort im Laufe der Jahre zu einer Art Militärcolonie. In dieser Schöpfung seiner Hand verbrachte er den größten Theil seiner Regierungszeit, während seine Gemahlin mit Klugheit und Umsicht das Darmstädter Gebiet verwaltete, eifrig bedacht, die schweren Lasten, die durch die Jagdliebe und Verschwendung des Vorgängers über das Land gekommen waren, zu mildern.

Aus Goethe's Leben, „Dichtung und Wahrheit" erfahren wir manche interessante Einzelheiten über Personen und Sachen des hessischen Landes aus jenen Jahren. Die Landgräfin stellte den Rechtsgelehrten Karl v. Moser an die Spitze der Verwaltung und ertheilte ihm hohe Vollmachten. Aber er machte die Erfahrung, daß alle Reformen, mögen sie auch noch so ehrlich und aufrichtig das Bessere anstreben, auf Widersacher und Gegner stoßen. Sein „Herr und Diener", sein „Daniel in der Löwengrube", seine „Reliquien" schildern die schwierige Lage, durch die er in seiner Thätigkeit gehemmt ward. Nur wenige seiner Entwürfe kamen zur Ausführung und seine Gegner brachten es dahin, daß er in Anklagestand gesetzt ward und seine Entlassung nehmen mußte.

Damals herrschte in Darmstadt und Frankfurt ein reges geistiges und künstlerisches Leben, wie wir aus Goethe's Jugendjahren wissen. Ein Kreis von talentvollen und kenntnißreichen Männern hatte sich zu gemeinsamer literarischer Thätigkeit verbunden, deren Hauptorgan die „Frankfurter gelehrten Anzeigen" waren. In diesem Kreise nahm der Darmstädter Kriegsrath Merck eine hervorragende Stelle ein, weniger durch seine eigenen Productionen als durch seinen kritischen Verstand und sein zutreffendes ästhetisches Urtheil. Er wirkte anregend auf Herder und Goethe. Ist es doch bekannt, daß dieser dem Frankfurter Freund als Urbild des Mephistopheles gedient hat. In Mercks Hause machte Herder die Bekanntschaft seiner nachherigen Gattin, „doppelt interessant durch ihre Eigenschaften und ihre Neigung zu einem so vortrefflichen Manne".

Merck begleitete die Landgräfin auf der Reise nach Petersburg, von der sogleich die Rede sein wird. Häusliches Ungemach und Vermögensverluste verbitterten ihm den Abend seines Lebens und steigerten seine reizbare Natur und die zersetzende Richtung seines Geistes derartig, daß er im Jahre 1791 Hand an sich selbst legte.

Der Gemahl der Caroline war ein wunderlicher Herr und das Leben, das er in dem entlegenen Waldstädtchen führte, ein höchst originelles. Im Jahre 1789 verlor sich ein Reisender in die öde Gegend, wo allmählich Pirmasens wie aus einem Zeltlager herausgewachsen war. In dem Bericht, den er davon in dem „Journal von und für Deutschland" der Welt mittheilte, heißt es unter Anderm: „Der Landgraf wohnt in einem wohlgebauten Hause, das man weder ein Schloß noch ein Palais nennen kann, und genau genommen, nur aus einem Geschoß besteht. Nahe bei demselben, nur etwas höher, liegt das Exercirhaus. Die Länge desselben beträgt 130 Pariser Fuß, die Breite 86. Hierin exercirt nun der Fürst täglich sein ansehnliches Grenadierregiment, das aus 2400 Mann bestehen soll. Schönere und wohlgeübtere Leute wird man anderwärts schwerlich beisammen sehen; aber sie kosten auch dem Landgrafen ansehnliche Summen, denn es ist nichts Ungewöhnliches, wenn ein Mann sich des Tags auf 30—40 Kreuzer bis zu einem Gulden stehet. Allerlei Volk von mancherlei Zungen und Nationen trifft man unter ihnen an, die nun freilich in die Länge nicht so zusammen bleiben würden, wenn sie nicht immer in die Stadt eingesperrt wären und Tag und Nacht von den umherreitenden Husaren beobachtet werden müßten. Die Schwenkungen und Manoevers geschehen mit einer außerordentlichen Schnelligkeit und Pünktlichkeit; man glaubt eine Maschine zu sehen, die durch Räder- und Triebwerke bewegt und regiert wird. Man soll sogar öfters das ganze Regiment im Finstern exercirt und in den verschiedenen Tempo's keinen einzigen Fehler bemerkt haben. Auf den 25. August, als dem Namensfest des Landgrafen, ist jährlich Hauptrevue, und dann wimmelt es in Pirmasens von auswärtigen Offizieren und andern Fremden, die theils aus Frankreich, Zweibrücken, der Unterpfalz, Hessen und andern Ländern diesen wohlgeübten Kriegsmännern zuliebe hierher reisen. Den Landgrafen habe ich hierbei in aller Thätigkeit gesehen; mit spähendem Blick befand er sich bald auf dem rechten, bald auf dem linken Flügel, bald vor dem Centrum, bald in den hinteren Gliedern; Alles ist geschäftig an ihm, und er scheint mit Leib und Seele Soldat zu sein."

Abgesehen von dieser wunderlichen Liebhaberei für das Militärwesen war Landgraf Ludwig nicht ohne Verstand und Regententugenden. Mochte auch die Soldatencolonie von Pirmasens große Summen verschlingen, so glich seine einfache sparsame Lebensweise die Ausgaben reichlich aus. Fern von den Extravaganzen und Frivolitäten so vieler andern zeitgenössischen Fürsten begnügte er sich mit den frugalen Mahlzeiten und der Kleidung eines Soldaten. Bälle und Redouten, luxuriöse Jagdpartien und schwelgerische Festbankette waren unbekannte Genüsse. Aus den Briefen seiner Gemahlin geht hervor, daß sie die achtungswerthen Eigenschaften des Landgrafen erkannte und zu schätzen wußte, und dieser legte vertrauensvoll die Regierung und die Erziehung ihrer zahlreichen Kinder in ihre Hände. Und wie sehr Caroline dieses Vertrauen rechtfertigte, bewies die Liebe des Volkes, die Hochachtung und Verehrung, welche die ersten der Nation der hohen Frau zollten, die trefflichen Eigenschaften, welche in den kommenden Jahrzehnten ihre Kinder entfalteten. Wie sie selbst von den ersten Schriftstellern ihrer Zeit, einem Klopstock, Herder, Wieland, dem großen Rechtsgelehrten Pütter geehrt und gefeiert und von dem königlichen Philosophen in Sanssouci in die Reihe der ausgezeichnetsten Frauen gestellt wurde, so war ihre jüngste Tochter Luise die Zierde des Weimarer Hofes in dem Glanzpunkte seiner künstlerischen Größe, und in Berlin, Karlsruhe und Petersburg wurden ihre Töchter der höchsten Auszeichnung und Verehrung theilhaftig.

Der russischen Vermählung ging eine Brautschau voraus, die an die Zeit der altpersischen Großkönige erinnert und auf das Fürstenleben Deutschlands ein grelles Licht wirft. Im Anfang der siebenziger Jahre sah sich die Zarin Katharina an den deutschen Fürstenhöfen nach einer Gemahlin für ihren Sohn, den Großfürsten Paul um. Ihre Blicke wandten sich nach Darmstadt, wo Caroline mit drei ihrer schönen und trefflichen Töchter residirte. Friedrich der Große, ein Gönner und Verehrer der geistreichen, ihm so congenialen Frau, begünstigte und förderte die beabsichtigte Vermählung. Herr von der Asseburg, der im Namen der russischen Kaiserin die geheime Unterhandlung mit der Landgräfin führte, erhielt aus Petersburg den Auftrag, die Frau Landgräfin zu vermögen, mit ihren drei Töchtern nach Rußland zu reisen, ohne daß jedoch die Kaiserin verbunden sei, eine derselben zur Schwiegertochter zu wählen. Auch würde der Vermählung ein Religionswechsel vorangehen müssen. Caroline ließ sich geneigt finden, mit Einwilligung ihres Gemahls in Pirmasens, die Reise zu unternehmen, machte aber dem Unterhändler die Andeutung, daß sie nicht die Mittel besitze zu einem so außerordentlichen Aufwand und daß sie somit die Kaiserin ersuchen müsse, dieses Hinderniß zu beseitigen. Und so geschah es. Katharina sandte einen Wechsel von 80,000 Gulden ein und ein Geschwader nach Lübeck, um die hohen Gäste aufzunehmen. Und die große Zarin war klug und fein genug, durch ein schmeichelhaftes Handschreiben an die Landgräfin die Schmach der Erniedrigung zu verhüllen. „Seien Sie überzeugt," schrieb sie, „von meinem lebhaften Verlangen, Sie mit Ihren drei Prinzessinnen Töchtern an meinem Hof zu sehen, dessen Zierde Sie sein werden." Graf Andreas Rasumowsky führte die Damen auf dem „Heiligen Marcus" nach Rußland und Fürst Orloff stellte sie auf dem Lustschlosse Gatschina der hohen Herrscherin vor. Am 15. August 1773 legte die Prinzessin Wilhelmine das Glaubensbekenntniß der griechischen Kirche ab und wurde unter dem Namen Natalie die Gemahlin des Thronfolgers Paul. Im November reiste die Landgräfin mit den zwei andern Töchtern wieder ab und traf nach einem mehrtägigen Aufenthalt in Potsdam bei dem königlichen Freunde und bei dessen Neffen, dem Gemahle ihrer Tochter Friederike, im December in Darmstadt ein. Vier Monate nachher war die große Landgräfin eine Leiche. Sie wurde ihrem Wunsche gemäß in einer Felsengrotte des Schloßgartens beigesetzt, wo sie so oft in einsamen Stunden der Natur und der Gottheit ihr Inneres erschlossen hatte. Ueber ihrem von Buschwerk und Bäumen umschatteten, von Epheu umrankten Grabhügel ließ Friedrich der Große eine Urne von weißem Marmor anbringen mit der Inschrift: femina sexu, ingenio vir.

Landgraf Ludwig überlebte seine Gemahlin noch sechzehn Jahre. Das Schicksal ersparte ihm den Schmerz, seine militärische Schöpfung durch die Revolution vernichtet zu sehen. Schon der Sohn und Nachfolger Ludwig X., nachmals Großherzog von Hessen-Darmstadt, gab die kostspielige und nutzlose Militärcolonie in Pirmasens auf und entließ die fremden Soldaten nach allen Himmelsgegenden. Was noch bestehen blieb, ging durch die Franzosen zu Grunde. Aber noch heutzutage kann man an den hohen Gestalten der Pirmasenser, welche durch ihren ausgebreiteten Schuhhandel in der ganzen Welt bekannt sind, die Abkömmlinge der riesengroßen Grenadiere von ehedem erkennen.

Zu den eifrigsten und aufrichtigsten Förderern eines engeren Zusammenschlusses der fürstlichen Reichsglieder und einer gemeinsamen Reformthätigkeit auf conservativer Grundlage gehörten die zwei Regenten, die für das deutsche Culturleben ihrer Zeit so fruchtbringend gewirkt haben — der Markgraf Karl Friedrich von Baden und der Herzog Karl August von Sachsen-Weimar. Von den hohen Verdiensten des ersteren um die Wohlfahrt und Bildung seines Staates haben wir in den „Heidelberger Erinnerungen" mehrfach gesprochen. Es waren gerade hundert Jahre verflossen, daß derselbe die Ketten der Leibeigenschaft zersprengt hatte, eine hochherzige That, deren Andenken die Nachgebornen in dankbarer Erinnerung feierten, und noch bis zur Stunde gedenkt die Universität Heidelberg am 22. November der durch Karl Friedrich restaurirten Hochschule. Es ist daher natürlich, daß in dem feierlichen Redeact, wo es nur angeht, dieses Verdienst um die Erhaltung der ältesten deutschen Universität in einer schwer bedrohten Lage anerkennend hervorgehoben wird. Und so ist es denn geschehen, daß der Prorector wiederholt das Regentenleben des trefflichen Markgrafen und nachmaligen Großherzogs zum Gegenstand seiner akademischen Rede gewählt hat. So hat vor etwa zwanzig Jahren der Historiker Ludwig Häusser ein Gesammtbild von dessen Regierung entworfen; so hat vor zwei Jahren Professor Hausrath von der theologischen Fakultät dessen heilsames Wirken für die Herstellung des kirchlichen Friedens und der confessionellen Rechtsgleichheit in den verschiedenen Landestheilen beleuchtet; so hat in der oben (S. 21) erwähnten Rede Professor Erdmannsdörffer die politische und vaterländische Thätigkeit des Großvaters unseres Landesfürsten ins Licht gesetzt, mit verständnißvollem Eingehen in die öffentlichen Verhältnisse der Zeit. Auch für künftige Gelegenheiten bietet das Regentenleben Karl Friedrichs noch neue Seiten: Stand er nicht in brieflicher oder persönlicher Beziehung zu Klopstock, Lavater, Herder, Voß? War er nicht ein eifriger Anhänger und Förderer des volkswirthschaftlichen Systems der Physiokraten, eines Wissenschaftsgebietes, das nur eine Seite der humanitären und philanthropischen Bestrebungen der Zeit bildete? Mit liebevoller Sympathie hebt Professor Erdmannsdörffer die edlen Züge hervor, die sowohl der Markgraf selbst, — dem man überall begegnet, „wo die besten Gedanken und Bestrebungen des Zeitalters in Wirkung stehen", dem Friedrich der Große das Zeugniß ausstellt, daß er ihm unter allen fürstlichen Zeitgenossen die höchste Achtung zolle, — als sein einsichtsvoller Minister Wilhelm v. Edelsheim bei den Verhandlungen über das neue

Unionswerk an den Tag legten, und beruft sich dabei auf Aussprüche und Urtheile von Goethe. So schreibt dieser von Karlsbad an Frau von Stein: „Edelsheim ist in Staats- und Wirthschaftssachen zu Hause und in der Einsamkeit, wo er Niemand hat, gesprächig und ausführlich. In zwei Tagen haben wir schon was rechts durchgesprochen." Und an einer andern Stelle: „Edelsheim ist auch hier und sein Umgang macht mir mehr Freude als jemals, ich kenne keinen klügeren Menschen. Er hat mir Manches zur Charakteristik der Stände geholfen, worauf ich ausgehe. Könnt ich nur ein Vierteljahr mit ihm sein: Da er sieht, wie ich die Sachen nehme, so rückt er auch heraus, er ist höchst fein, ich habe aber wenig vor ihm zu verbergen, und das soll er auch nicht vermuthen."

III.

Wirft man einen Blick auf das Homannsche Kartenwerk oder auf den Spruner-Menkeschen Historischen Hand-Atlas, so erscheint Deutschland in der zweiten Hälfte des 18. Jahrhunderts wie eine aus farbigen Lappen kleineren und größeren Umfangs zusammengesetzte Decke. Es sind die einzelnen Territorien, aus denen „das heilige römische Reich deutscher Nation" zusammengesetzt war. Erbtheilungen und Familienverträge, Schwert und Feder hatten so viel geändert und geflickt, daß das Ganze durch die Einzelglieder völlig überwuchert und verdeckt war, und selbst die alten Stämme, die einst zu einem föderativen Gemeinwesen mit einem Wahlkaiser verbunden waren, so sehr zersetzt, zerhackt und zerstückelt erschienen, daß die Grenzlinien sich nicht mehr erkennen ließen. In diesem bunten Complex von Staaten und Herrschaften der verschiedensten Größe bewegte sich im Innern ein eben so vielgestaltiges Leben wie der äußere Anblick der Territorien errathen ließ, und es war für den Historiker keine sehr schwierige Aufgabe, je nach seinen individuellen Intentionen und Auffassungen, die Elemente zu einem Gemälde zusammenzustellen, in welchem bald die Lichtseiten, bald die dunkeln Punkte mehr hervortraten, das Bild bald heller und farbenreicher, bald düsterer und eintöniger erschien. Beide Auffassungen können auf Wahrhaftigkeit und Treue Anspruch machen; denn in dem Geschichtsleben wie in dem einzelnen Menschenleben ist es nun einmal so beschaffen, daß die hellen und die dunkeln Loose gemischt sind und nur aus ihrer Vereinigung und harmonischen Zusammenstellung ein richtiges und wahres Lebensbild sich herstellen läßt. Die letzten Jahrzehnte des 18. Jahrhunderts bieten so viele bald anziehende bald abstoßende, immerhin aber anregende Seiten dar, daß sie viele hervorragende Historiker zur Entwerfung von Zeit- und Sittengemälden gereizt haben. So hat außer den früher erwähnten größeren Werken von Schlosser, Biedermann, Hettner, der Altmeister Leopold v. Ranke vor etwa vierzehn Jahren die „deutschen Mächte und den Fürstenbund" in zwei Bändchen dargestellt, nachdem schon einige Jahre früher Clemens Theod. Perthes die politischen Zustände und Personen in Deutschland während der Uebergangszeit behandelt hatte. Wenn wir die einzelnen Züge zu einem Gesammtbilde zusammenfügen, begegnen wir öffentlichen Zuständen und charakteristischen Eigenartigkeiten, die ein dem Zerfall und der Auflösung entgegengehendes Gemeinwesen erkennen lassen.

Eine Menge kleiner Höfe, die in äußerer Pracht und verschwenderischem Aufwand den glänzenden Königssitz in Versailles nachahmten, übten auf das öffentliche Leben, auf Sitten und Ansichten, auf Charakter und Bildung einen verderblichen Einfluß. Bei der Ohnmacht des Kaisers und dem geringen Ansehen der Reichstage und Reichsgerichte erlangten die zahllosen Fürsten und reichsunmittelbaren Standesherren eine völlig selbständige Stellung und übten die Rechte der Landeshoheit fast ohne alle Beschränkung. Eitel und eifersüchtig suchte immer Einer den Andern an Pracht der Hofhaltung, an verschwenderischen Festlichkeiten und Jagdpartien, an kostspieligen Bauten, Gartenanlagen, Wildgehegen und Kunstwerken zu überbieten. Die Residenzstädte und fürstlichen Lustorte mehrten sich mit jedem Jahre; jeder Fürst hielt eine größere oder kleinere Anzahl gemietheter, durch verschmitzte Werber zusammengetriebener Truppen, mehr zum Soldatenspiel, oder auch zum Soldatenhandel, als zum ernsten Waffendienst, und Schaaren von Lakaien, Hofbedienten, Stallburschen, Kammerdienern und Gesinde aller Art; ein Heer von Hofräthen, Beamten und Schreibern füllte die Hauptstädte und nährte sich vom Mark des Landes; Mätressen und Günstlinge, Schauspielerinnen und Sängerinnen umschwärmten die Fürstenhöfe, übten den unheilvollsten Einfluß auf die Regierung und bereicherten sich durch Stellen-Handel und durch Verkauf von Aemtern, Gunst und Protection. Während an den Höfen und in den Palästen der Edelleute ein verschwenderisches Fest das andere drängte, rohe

Sinnenlust und äußerer Glanz die Hülfsquellen des Landes erschöpften, wurden der Bürger und Bauer durch Steuerdruck, durch Abgaben und Leistungen, durch Zölle und Sporteln in Armuth gestürzt und durch gewissenlose Amtleute, Advocaten und Richter zur Verzweiflung gebracht, ohne daß ihnen irgend ein Weg der Abhülfe oder der Klage offen gestanden hätte. Man begnügte sich nicht, den Ständen die Disposition über die Landessteuern zu entziehen, die Befugnisse der ständischen Ausschüsse, wie sie in Württemberg und Hannover bestanden, einzuschränken, es sollte zugleich jeder Versuch eines gesetzlichen Widerstandes gegen die Uebergriffe des Absolutismus unmöglich gemacht werden. Ueberall herrschte Willkür und Bedrückung des Schwachen durch den Starken, eine Mißregierung, „welche die Geduld Gottes und der Menschen auf die Probe stellte". Das wirthschaftliche Leben beugte sich unter dem Druck der Armuth und der Zerrüttung. Wie sollte nach langen Jahren der Noth und Bedrängniß der Landbau gedeihen, so lange Feudalität und Leibeigenschaft fortbestand, so lange die Steuern und Abgaben nur auf dem Bürger und Bauer lasteten, die Adelsgüter frei waren; wie sollte das Gewerbe aufkommen im Zwang veralteter Zunftordnungen, hoher Gebühren und Lasten, ohne Sporn und ohne Wetteifer, in zahllose Schranken eingezwängt, an den engen Raum der Erbscholle gebunden, meistentheils von confessioneller Ausschließlichkeit niedergehalten! Wie sollte der Handel blühen, bedrängt von der Fiscalität der herrschenden Steuersysteme, gebrandschatzt durch widersinnige Binnenzölle, ohne genügende Wege und Verkehrsmittel, niedergehalten durch die kleinstaatliche Mannigfaltigkeit der Handelspolitik, Gesetzgebung, Maaß-, Gewicht- und Münzwesen, gestört durch die territoriale Zersplitterung der kleineren Herrschaften und Gebietstheile, welche, genährt durch dynastische Eifersucht, den natürlichen Blutumlauf hemmten. Die deutsche Tugend und Rechtschaffenheit wurde in den höheren Kreisen mißachtet und französischem Witz und französischer Leichtfertigkeit nachgestellt; das deutsche Volksthum entwich ganz und gar, und französische Sprache, Literatur, Sitten und Moden herrschten in unbestrittener Geltung. Wer für fein und gebildet angesehen werden wollte, mußte französisch sprechen. Natur, Freiheit und Männerwürde waren unbekannte Dinge. Wie Allongeperrücke, Reifrock, gepuderte Haare und die ganze abgeschmackte Tracht die Menschengestalt zum Unkenntlichen entstellten, so wurde der Charakter und der Werth des Mannes nach Rang, Orden und Titel beurtheilt. Nur die künstlerische, wissenschaftliche und

literarische Bildung zog aus der staatlichen Zerrissenheit und der politi=
schen Oede Gewinn. Für das Aufblühen der Kunst und Literatur,
für das Wachsthum der Bildung und Wissenschaft waren die deutschen
Residenzstädte und die zahlreichen Fürstenhöfe, namentlich in der zweiten
Hälfte des 18. Jahrhunderts höchst förderlich, wäre nur dieser hohe
Bildungsgrad und die Literaturblüthe ein genügender Ersatz gewesen
für die Verarmung des Volks, für die Abnahme der Charakterstärke,
der Thatkraft und der männlichen Tugend und für den Untergang
aller politischen Freiheit, alles öffentlichen Lebens, aller praktischen
Volksthätigkeit, alles vaterländischen Sinnes.

Es ging ein Gefühl durch die Welt, daß die öffentlichen Zustände
sich überlebt hätten und ein Sehnen und Suchen nach Reformen und
naturgemäßen Umgestaltungen war das allgemeine Symptom der Zeit.
Wir haben in einem früheren Artikel der „Allg. Zeitung" nachge=
wiesen, wie Rousseau gerade dadurch auch auf die Geister in Deutsch=
land so gewaltig eingewirkt hat, daß er die Gebrechen der Gegenwart
so grell zeichnete und ihr eine Phantasiewelt voll Edelsinn, Natur und
Menschenliebe in reizender Schilderung entgegenstellte. Ein elegischer
Klageton über die entarteten Zustände durchzog die deutsche Poesie und
an manchen Fürstenhöfen war man bestrebt, durch Schöpfungen im
Geiste der Zeit neues Leben zu erzeugen. Den Universitäten, deren
scholastische Einrichtungen einem gebrechlichen Gefäße glichen, das den
jungen gährenden Wein nicht mehr zu fassen vermöchte, wurden durch
Akademien, gelehrte Gesellschaften, Lehranstalten praktischer Art ersetzt,
die meistens in den Residenzstädten ihren Sitz und Mittelpunkt hatten.
Die großen Förderer der menschlichen Kultur, ein Klopstock und Lessing,
ein Goethe und Herder wählten nicht die Universitäten zum Wirkungs=
kreis ihres Genius, und auch bei Wieland und Schiller war die kurze
akademische Laufbahn nur ein ephemerer Nebenberuf, keine dauernde
Werkstätte ihres geistigen Schaffens. Und gerade in den wissenschaftlichen
und culturellen Bestrebungen zeigte sich das staatliche Kleinleben der
deutschen Reichsfürsten von der vortheilhaftesten Seite. In einem edlen,
mitunter schwärmerischen Idealismus suchte man die abgestorbenen
Pflanzungen durch frische Keime zu beleben, oder den überlieferten
Einrichtungen und Ordnungen durch Reformen im Geiste der Zeit und
der Humanität frische Säfte zuzuführen. In diesen Bestrebungen gingen
katholische und evangelische Fürsten gleiche Wege. Wir haben in den
erwähnten „Heidelberger Erinnerungen" und in früheren Artikeln dar=
gethan, wie der in kirchlichen Dingen so beengte und abhängige Kurfürst

Karl Theodor von Pfalz-Bayern in seinen jüngeren Regierungsjahren auf wissenschaftlichem und künstlerischem Gebiet dem schaffenden Geiste neue Bahnen eröffnete, nicht unähnlich seinem hochsinnigen Nachbar Karl Friedrich von Baden. Ueber die Militär- und Ritterakademie in Stuttgart, die unter dem Namen „Hohe Karlsschule" weltberühmt geworden ist, hat ein Württemberger Beamter, Heinrich Wagner, vor dreißig Jahren ein monographisches Werk in zwei Bänden mit zahlreichen Illustrationen veröffentlicht, und dasselbe „den Manen des durchlauchtigsten Herzogs Karl Eugen" gewidmet. Als Titelkupfer reproducirt dasselbe ein Bild von dem Sohne des Malers Heideloff, der neben Dannecker Schillers Mitschüler in der Karlsschule war, wie der neunzehnjährige Dichter im Waldesdickicht seinen Freunden die „Räuber" vorlas, die er heimlich während einer dreiwöchigen Clausur wegen einer ansteckenden Krankheit in der Anstalt niedergeschrieben hatte, öfters verstohlen unter der Bettdecke, um sich der strengen Aufsicht zu entziehen. Bei dem Lesen des letzten Actes, meldet ein Bericht, steigerte sich Schillers Declamation in dem Grade, daß seine mit gespannter Aufmerksamkeit zuhörenden Freunde durch den Ausdruck seines Affects in Bestürzung geriethen.

Dieser Gründer der „Hohen Karlsschule", die aus geringen Anfängen auf dem Lustschloß Solitude zu dem Range einer Universität und Kunstakademie in Stuttgart emporstieg, Herzog Karl Eugen von Württemberg, theilte mit seinem Zeitgenossen Karl Theodor das Loos, daß beide zu den schlimmsten und unwürdigsten Regenten gehörten und dennoch im Andenken des Volkes gefeiert wurden als die Repräsentanten der „guten alten Zeit", die mit ihnen zu Ende ging. Der Dichter Daniel Schubart, der zehn Jahre lang auf Hohenasperg für seinen Freimuth und Tyrannenhaß büßen mußte, gepeinigt von dem pietistischen Commandanten Rieger, hat in dem Gedichte „Die Fürstengruft" eine ergreifende Schilderung von den Fürsten entworfen, „die Gott zur Nationenruthe im Zorn zusammenband". Und als ob der Herzog in seinem eigenen Herzen erkannt habe, daß die Schilderung auf ihn passe, daß er durch Sinnenlust und Schwelgerei, durch maßlose Verschwendung und üppige Hof- und Jagdfeste Land und Volk gedrückt und sich über Recht und Verfassung weggesetzt habe, ließ er über dem „Grab des Einsiedlers" in Hohenheim folgende Inschrift wie ein Urtheil über sein eigenes Leben anbringen: „Freund! Ich genoß die Welt. Genoß sie in ihrer ganzen Fülle. Ihre Reize rissen mich dahin. Blindlings folgte ich dem Strom. Gott, welcher Anblick, Als mir die Augen aufgingen, Tage, Jahre flossen dahin, Und des Guten ward nicht gedacht. Heuchelei, Falschheit Vergötterten die niedrigsten Handlungen Und der Schleier, der die Wahrheit bedeckte, War ein dicker Nebel, den die stärksten Strahlen der wohlthätigen Sonne nicht unterdrücken konnten. Was blieb mir übrig? Ach Freund, dieser Stein bedecke mein Grab Und damit das Vergangene. Herr! Wache Du vor meine Zukunft" und in den „Deutschen Biographien" führt Stälin das Urtheil Schillers bei dem Tode des Fürsten an, der ihn einst zur Flucht gezwungen und ins Elend gejagt: „Da ruht er also, dieser rastlose, thätige Mann! Er hatte große Fehler als Regent, größere als Mensch, aber die ersteren wurden von seinen großen Eigenschaften weit überwogen und das Andenken an die letzteren muß mit dem Todten begraben werden". Nur ein so treuherziges gutmüthiges Volk, wie das deutsche in jenen Tagen, konnte die wenigen guten Eigenschaften unter der Masse von tyrannischen und willkürlichen Handlungen, von Leidenschaft, Uebermuth und Selbstsucht hervorheben und im Gedächtniß behalten. Herzog Karl war freilich keine gewöhnliche Natur; ritterliche Züge, Sinn für Kunst und Wissenschaft, eine selbstbewußte Fürstengestalt imponirten den Zeitgenossen. Aber der despotische Eigenwille und Egoismus warf alle Schranken nieder, die Gesetz und Verfassung der Willkür entgegenstellten. Karl Eugen, der undankbare und ungerathene Zögling des großen Preußenkönigs, ist von manchen Biographen Schillers in möglichst günstiges Licht gestellt worden; und in der That ein unbedeutender Mensch ist der württembergische Herodes, wie Schiller ihn nennt, nicht gewesen. Allein wenn Schiller, der Sohn einer bürgerlichen protestantischen Familie, uns als Vertreter deutscher Stammesart erscheint, so tritt uns in dem katholischen Herzog des protestantischen Landes der Herrscher nach französischer Schablone entgegen. Der edle Karl Friedrich von Baden scherzte einmal: Ich gebe mir alle Mühe, mein Land emporzubringen, und der Herzog von Württemberg läßt es sich sauer werden, das seinige zu ruiniren. Den Rechtsconsulenten Johann Jacob Moser hielt Karl Eugen fünf Jahre lang auf dem Hohentwiel in Gefangenschaft, weil er in einem Conflict zwischen dem Landesherrn und den Ständen die Sache der letzteren verfocht, ohne Mitgefühl für den gewissenhaften, gottesfürchtigen und rechtschaffenen Mann, der während der einsamen Haft seine Gedanken und Empfindungen mit dem schwarzen Stoffe seiner Lichtputzscheere auf den Rand seiner Bibel oder auf die Kerkermauer niederschrieb! Bei Stälin findet man die zahlreiche historische Literatur aufgeführt, in welcher ein Regentenleben dargestellt ist, das als ein typisches Zeitbild gelten kann. Er lieferte den Franzosen Soldaten, die gegen seinen eigenen Oheim Friedrich II. von Preußen fochten; und Schubarts wehmüthiges „Caplied": „Auf, auf, ihr Brüder und seid stark!" ist ein lauter Schmerzensschrei über die Seelenverkäuferei, die um dieselbe Zeit an Holland und England getrieben ward! Die Jagden und Lustreisen, die Prachtbauten und Hoffeste verschlangen die Geldmittel des Landes und häuften Noth und Elend auf das Volk. Diesem Gefühle giebt Schubart Ausdruck, wenn er ausruft:

> Weckt sie nur nicht mit eurem bangen Aechzen,
> Ihr Schaaren, die sie arm gemacht.

IV.

Das Jahrzehnt, das der französischen Revolution voranging, war eine Zeit der Gegensätze: die widerstrebendsten Richtungen traten zu Tage und rangen nach Geltung; edle menschenbeglückende Bestrebungen und phantastische Experimente suchten gleichzeitig die Menschheit zu gewinnen; ein jugendlicher Enthusiasmus, ein naiver Glaube, daß durch innere Reformen des öffentlichen culturellen und gesellschaftlichen Lebens alle Leiden und Mißstände des Erdendaseins entfernt und paradiesische Zustände geschaffen werden könnten, durchzog die Herzen der Menschen. Man ahmte in Deutschland die Franzosen nicht blos in den conventionellen Formen, in Sprache, Tracht und Mode nach, man theilte auch die geistige Unruhe und Neuerungssucht, den Glauben und die Hoffnung auf eine bessere Zukunft. Es herrschte viel Unklarheit in den Gemüthern und die unteren Triebe und Leidenschaften hausten in der Menschenbrust neben hochsinnigen philanthropischen Ideen, die guten Genien und die dämonischen Gewalten wohnten oft dicht bei einander. Das äußere und innere Leben war in Disharmonie. Der Geist regte mächtig seine Schwingen und strebte nach Befreiung aus dem Gehäuse der veralteten Formen, Gewohnheiten und Institutionen. Allenthalben begegnete der Beobachter einer Welt von Widersprüchen. Während die Masse der französischen und deutschen Nation mit Begeisterung den Vorgängen in Nordamerika folgte, in denen sie die Erfüllung der Rousseau'schen und Schiller'schen Träume und Phantasiegebilde erwartete, trieben viele deutsche Reichsfürsten den so oft gerügten schmäh-

lichen Soldatenhandel, um mit den englischen Geldern ihren ver=
schwenderischen Aufwand befriedigen zu können. Es ist eine bekannte
Erzählung, wie mißbilligend Friedrich II. sich über diese Seelen=
verkäuferei ausgelassen, indem er sagte: Es sei billig, daß er von den
durch sein Land ziehenden Soldaten der deutschen Fürsten den Viehzoll
erhebe, weil sie ja wie Vieh verkauft würden, und doch war gerade
der mit Friedrich so nahe verwandte Braunschweiger Herzog Karl der=
jenige deutsche Reichsfürst, der neben dem Landgrafen von Hessen das
schmachvolle, aber einträgliche Geschäft am eifrigsten betrieb. Ein
Braunschweiger Minister war es, der einst bei der englischen Regierung
Beschwerde erhob, daß so viele invalid gewordene Soldaten aus
Amerika wieder in die Heimath entlassen würden, wo sie den öffent=
lichen Unterstützungskassen zur Last fielen. Man möge doch bei der
Verwendung in den Kriegsoperationen mehr auf die Interessen des
Landesherrn Rücksicht nehmen. In Hessen suchte man die männliche
Bevölkerung zu mehren, indem eine landesherrliche Verordnung gnädig
verfügte, daß der siebente Sohn kinderreicher Familienfürsten auf
Kosten des Landesfürsten erzogen werden sollte. Man bedurfte zahl=
reicher Soldaten, um den Hausschatz zu bereichern, der dann während
der Jerome'schen Regierung in Rothschilds Keller zu Frankfurt ver=
borgen war. Braunschweig gehörte in den letzten Jahrzehnten des
achtzehnten Jahrhunderts zu denjenigen deutschen Residenzstädten, in
welchen wie in Stuttgart unter Karl Eugen und in Mannheim unter
Karl Theodor ein gehobenes künstlerisches Leben neben einer pracht=
vollen und verschwenderischen Hofhaltung gepflegt wurde. Herzog Karl,
der bis zu Anfang der achtziger Jahre das welfische Stammland
regierte, während sein Bruder, der ältere Ferdinand, sich in den
Schlachten des siebenjährigen Krieges Lorbeeren erkämpfte und ein
anderer Bruder Ludwig Ernst als Generalcapitän der Republik Holland
sich einen berühmten Namen machte, war ein Mann von unternehmendem
Geiste, von Bildung und Einsicht, welcher manche zweckmäßigen Ein=
richtungen ins Leben gerufen, das Schulwesen gehoben, unter dem Bei=
rathe des Abtes Jerusalem das Collegium Carolinum gegründet, und
an der Reformthätigkeit seiner Zeit regen Antheil genommen. Aber
diese Lichtseiten wurden durch große Schatten verdunkelt. Leidenschaftlich,
genußsüchtig, verschwenderisch gab er sich den Freuden des Hoflebens
im Uebermaß hin; Braunschweig, die neue Residenzstadt, sollte ein
kleines Versailles darstellen. Ein prachtvolles Theater, das einen Zu=
schuß von jährlich 70,000 Thalern erforderte, die glänzende Hofhaltung,

der großartigste Aufwand, die Unterhaltung schöner Frauen, kostspielige Reisen, leidenschaftlicher Hang zum Glücksspiel, die Vermehrung des Militärs, Karls Projectemacherei und seine „alchymistischen Versuche" verschlangen unermeßliche Summen und machten die Lage des Landes trauriger denn je. „Die Ausgaben überschritten die Einnahmen um jährlich 80,000 Thaler, und die Schuldenmasse des Herzogthums stieg bis auf fast 12 Millionen. Der Minister von Schliestädt hatte seine liebe Noth, bei solchen Finanzverhältnissen noch immer Geld beizuschaffen, und doch ward es täglich von ihm verlangt." Von dem Hofe Karls hat Lessing die Züge für sein Drama Emilia Galotti entlehnen können. Als dasselbe in dem Braunschweiger Hoftheater zum erstenmal zur Aufführung kam, fand es daher auch nur ungnädige Aufnahme. Dann und wann schnitt dem Fürsten die Noth des Volkes ins Herz, dann sann er auf Abhülfe, und wollte die Lasten vermindern. Aber es fehlte ihm an der erforderlichen Thatkraft. „Mit Heftigkeit ging er auf die ihm vorgelegten Pläne ein, um sie eben so rasch über einen neugeborenen Sinnengenuß wieder zu vergessen. Als später der Erbprinz Wilhelm Ferdinand, der seines Oheims Zuneigung für Voltaire theilte und dem berühmten Schriftsteller in Ferney einen Besuch abstattete, an der Regierung Theil nahm, wurden manche Schäden und Mißstände beseitigt; daß aber auch er in dem englisch-amerikanischen Krieg an dem Soldatenhandel sich betheiligte, um die Finanzlage zu bessern, hat auf seinen berühmten Namen einen düsteren Schatten geworfen, den auch sein blutiger Ausgang bei Jena nicht ganz zu verwischen vermochte. Sein Oheim Ernst Ludwig, der vieljährige Regent von Holland, wurde von dem Göttinger Professor Schlözer in einem starken Octavband als der moderne Phokion gepriesen, aber der Philologe Heyne bewies in einer akademischen Gelegenheitsschrift, daß das dem Buche vorgesetzte Brustbild einer antiken Büste entnommen sei, die nicht den berühmten, um seiner Tugend und Gerechtigkeit willen so hochgeehrten athenischen Staatsmann vorstelle, sondern unecht sei. Einen ähnlichen Charakter trugen auch diejenigen geistlichen Staaten, die sich von den verjährten Vorurtheilen und Traditionen freimachten. Vor allem gilt dies von dem kurfürstlichen Erzstuhl Mainz unter Friedrich Karl Joseph von Erthal und seinem Coadjutor Theodor von Dalberg. Schon daß der erste geistliche Kurfürst und Erzkanzler des Reichs dem Fürstenbunde beitrat, war ein Zeichen, daß sich Erthal von der katholischen Großmacht Oesterreich lossagte. Bei den erfolgreichen Verhandlungen, die den Beitritt des Kurfürsten zu dem

Bunde bewirkten, legte der Freiherr von Stein die ersten Proben seiner staatsmännischen Befähigung ab. In strengkatholischen Kreisen hat man das Andenken Josephs von Erthal mit großen Schmähungen überschüttet und die Unfälle, von denen noch bei seinen Lebzeiten das rheinische Kurland heimgesucht ward, ihm zur Last gelegt. Wie einst einer seiner Vorfahren, Albrecht, zur Trennung der deutschen Kirche den ersten Anstoß gegeben, so habe er der französischen Revolution den Weg in das „goldene" Mainz gebahnt. Wir wollen ihn gegen die Vorwürfe nicht in Schutz nehmen. Ein Prälat von französischer Bildung und französischen Sitten, welcher der Voltaireschen Aufklärung huldigte und die Toleranz mit einer gewissen Ostentation übte, so daß er mehrere literarische Berühmtheiten protestantischen Glaubens wie Johannes Müller, Forster, Sömmering, Heinse um sich sammelte, war er dennoch in seinem ganzen Thun ein kraftloser Fürst, der sich von Weibern und Höflingen leiten ließ und seine Gunst vorzugsweise dem stiftsfähigen Adel und Klerus zuwandte. Doch war der geistliche Herr, dem Forster Verstand und Kenntnisse, ein würdevolles Aeußere und eine ehrliche Ueberzeugung nachrühmt, nicht schlimmer als die meisten andern seiner fürstlichen Zeitgenossen und in der Pflege der Wissenschaften und Bildungsanstalten stand er keinem nach. In der üppigen lebensfrohen Rheinstadt schlugen die Fehler und Gebrechen der Zeit, Weltlust, Genußsucht, leichtsinniges, unthätiges Dahinleben tiefere Wurzeln als an andern Orten. In dem Roman „Die Clubisten in Mainz" von Heinrich König ist das politische und gesellschaftliche Treiben bei dem ersten Einzug der französischen Republikaner auf historischer Grundlage anziehend geschildert.

Es wäre übrigens weder der Gerechtigkeit noch der Wahrheit entsprechend, wollte man an alle deutschen Fürstenhöfe denselben Maßstab legen. Waren auch die Formen, in denen sich das öffentliche Leben bewegte, veraltet und schwerfällig, so war doch die Zahl der kleineren Reichsfürsten nicht gering, welche ihre Kraft und Regsamkeit der Wohlfahrt ihrer Unterthanen, der Beförderung der Humanität und Bildung, einer vernünftigen und ersprießlichen Reformthätigkeit zuwandten. Es sind beherzigenswerthe Worte, welche Professor Erdmannsdörffer in der erwähnten akademischen Rede von Goethe in einem Briefe an Frau von Stein anführt: „Daß doch der Mensch so viel für sich selbst thun kann und so wenig für Andere, daß es doch ein fast nie befriedigter Wunsch ist, Menschen zu nützen. — Aber ich lasse doch nicht ab, und ringe mit dem unbekannten Engel, sollte ich mir auch die Hüfte aus=

renken." Zuletzt tröstet er sich, wenn wenigstens Einiges im Kleinen gelingt: „man begießt einen Garten, wenn man dem Lande keinen Regen verschaffen kann." Und gerade Weimar, wo der Dichter-Staatsmann diese Worte schrieb, leuchtete wie ein heller Stern am Himmelszelte des öffentlichen Lebens. Es ist bekannt genug, wie eifrig Herzog Karl August beflissen war, Alles zu fördern, was die Cultur und Menschenliebe, was Freiheit und öffentliche Wohlfahrt zu heben geeignet schien. Und seine Gemahlin Luise hatte von ihrer Mutter, der großen Landgräfin, alle die schönen und edlen Eigenschaften geerbt, die ihr so hohe Verehrung von den Besten der Nation eingetragen.

Auch unter den kleinen Reichsfürsten gab sich da und dort ein reformatorisches Streben kund, wenn gleich bei der Mehrzahl das Hauptinteresse auf Militärwesen, auf Prunk und Theater gerichtet war. Es gehörte ein hoher, auf das Ideale gerichteter Sinn dazu, wenn ein Fürst wie Franz von Anhalt-Dessau die neue philanthropische Erziehungsweise, die ein so wunderlicher in seinem ganzen Thun und Sein so wenig würdiger und gehaltener Mann wie Basedow mit renommistischer Großsprecherei ins Leben einzuführen unternahm, großmüthig unterstützte und zur Errichtung einer Musteranstalt Mittel gab. Wir haben in einem Artikel der „Allg. Zeitg." den Einfluß J. J. Rousseau's auf die gesammte Weltanschauung seiner Zeit dargethan. Seine Ideen fanden in Deutschland um so leichter Eingang, weil der Boden bereits geebnet und zur Aufnahme der befruchtenden Saat vorbereitet war. Klopstock hatte die Gemüther der deutschen Nation weich und sentimental gestimmt, und eine elegische Sehnsucht nach Liebe und Freundschaft erzeugt; Lessing hatte mit zersetzender Schärfe und überwältigender Kraft alle Trugbilder des Wahns zerrissen, alle traditionellen Irrthümer zu Tage gebracht, dem Vorurtheil und dem schädlichen Herkommen die Berechtigung der Fortdauer abgesprochen und die geistige Engherzigkeit siegreich bekämpft. Herder hatte, Lessings Spuren verfolgend, die Idee der Menschheit mit dem Sonnenlichte seines edlen Geistes erhellt, er hatte die nationalen und confessionellen Schranken niedergerissen oder gelockert, er hatte jedem Menschen kraft seines höheren Ursprungs einen von allen Zufälligkeiten der Geburt und des Glücks unabhängigen Werth beigelegt und Rechte vindicirt, er hatte den Begriff der christlichen Menschenliebe und Bruderliebe als beseelenden Hauch in die Masse geworfen. Aus allen diesen Elementen erwuchs der neue Humanismus, der die Schule, die Kirche, den Staat mächtig ergriff und in den innersten Organismus derselben eindrang. Auf der Menschenliebe fußend, machte der Humanismus zuerst für die Kindheit und Jugend die verletzten Menschenrechte geltend; er drang auf naturgemäße Erziehung, auf realistische Kenntnisse, auf milde mit Vernunftgründen verbundene Disciplin, auf leibliche Abhärtung und Pflege. Es war eine schöne empfängliche Zeit, als diese Ideen zum erstenmal in die Nation geworfen wurden und wie ein elektrischer Funke zündeten; man erwartete mit kindlichem Vertrauen Erlösung von dem harten Joche der Schulpedanterie und begrüßte in Basedow und seinen Gesinnungsgenossen einen neuen Copernikus, der die Welt befreien werde von den Banden des Wahns und verjährter Vorurtheile. Es war eine schöne empfängliche Zeit, als die ganze Nation mit edler Begeisterung und mit naiver Leichtgläubigkeit ein literarisches Unternehmen beförderte, das mit marktschreierischer Großsprecherei als Heilmittel gegen alle pädagogischen Leiden angepriesen ward; als hochsinnige deutsche Fürsten die Verwirklichung der neuen Schul- und Erziehungstheorien durch großmüthige Unterstützung möglich machten.

So trat dem alten Humanismus mit seinem geistlosen Formenwesen und seiner pedantischen Zucht ein neuer Humanismus als feindlicher Bruder entgegen, dessen Lehranstalten, Philanthropine genannt, schon im Namen den Grund ihrer Entstehung, die Menschenliebe an der Stirne trugen. Aber wie in allen Dingen ein Extrem nie durch einen Gegensatz geheilt wird, da beide die Keime der Krankheit in sich tragen, so war es auch hier der Fall. Die neuen Anstalten erfüllten keineswegs die Hoffnungen der Nation, sie litten an unheilbaren Gebrechen. An die Stelle der alten Starrheit trat eine verweichlichende Schlaffheit; an die Stelle der trockenen Einseitigkeit eine seichte Oberflächlichkeit und Vielwisserei; an die Stelle der strengen Zucht kindische Tändelei. Man glaubte Fleiß und Anstrengung ersetzen zu können durch Anleitung und Methode und verwandelte nicht selten die ernste Erziehung in ein leichtes Spiel. Aber der moderne Humanismus hatte nicht minder seine Berechtigung wie der ältere, darum ging er trotz seiner Gebrechen nicht unter; er lebt fort in den Anstalten, die auf seinem Boden erwachsen sind, und die, da sie den Zeitbedürfnissen entsprechen, immer breitere Bahnen suchen. Der Philantropinismus hat die Erziehung aus einem verderblichen Schlendrian gerissen, mit freierem Geiste belebt, den gesunden Menschenverstand wieder in seine Rechte eingesetzt; in consequenter Verfolgung des realistischen Princips hat er die sinnliche Wahrnehmung zum Ausgangspunkte gemacht, Alles auf genaueste Kenntniß des Alltäglichen, des sogenannten allgemein Menschlichen angelegt, durch möglichste Veranschaulichung beim Unterrichte den Mechanismus und Gedächtnißkram beseitigt, in der Religion die Anregungen der Natur gewürdigt, das Lernen selbst besonders auch durch belehrende Unterhaltungsschriften vielfach erleichtert und versüßt und die Schulstuben zu heiteren Sitzen der Gesundheit und des Frohsinns gemacht.

Man hat die Erfahrung gemacht, daß Theoretiker und Reformatoren der Pädagogik leicht auf Extravaganzen in Lehre und Leben gerathen und als wunderliche Sonderlingsmenschen ihren Zeitgenossen erschienen sind. Diese Wahrnehmung hat sich bei Niemand mehr bewährt als bei Basedow. Wer erinnert sich nicht der ergötzlichen Schilderung, welche Goethe in „Dichtung und Wahrheit" von der Rheinreise giebt, die er gemeinsam mit Lavater und Basedow machte: „Prophete rechts, Prophete links, das Weltkind in der Mitte?" Es konnte auch als ein Zeichen jener Zeit der Contraste und des sehnsüchtigen Verlangens und Harrens nach Erlösung aus unnatürlichen Zuständen gelten, daß der in seiner ganzen Erscheinung und seinen Lebensgewohnheiten so plebejisch angelegte Mann in der Nation den Glauben erwecken und sie zu namhaften Geldbeiträgen für sein pädagogisches „Elementarwerk" fortreißen konnte!

Selbst die geistlichen Herrschaften, die doch am meisten die Wirkungen der verkommenen und verlotterten öffentlichen Verhältnisse an sich trugen, waren nicht ohne mancherlei Keime und Ansätze zeitgemäßer Reformen. In den fränkischen Hochstiftern Bamberg und Würzburg führte von 1779—1795 Franz Ludwig von Erthal, der Bruder des Kurfürsten von Mainz, eine aufgeklärte wohlthätige Regierung nach dem Beispiele Friedrichs II. Zahlreiche Mißbräuche wurden beseitigt, Verwaltung und Rechtspflege trefflich bestellt, die Finanzen umsichtig geordnet, das Armenwesen musterhaft geführt, die Schulen gehoben, die Universität in freisinnigem und duldsamem Geiste gefördert. In den geistlichen Kreisen zu Würzburg herrschte heitere Geselligkeit, ein aufgeklärter ungezwungener Ton und wissenschaftliches Interesse. Aber nur wenige der geistlichen Staaten erfreuten sich eines so umsichtigen patriarchalischen Priesterregiments. In den süddeutschen Fürstbisthümern und geistlichen Herrschaften hielt man mit der geistigen Aufklärung auch alle materielle und moralische Verbesserung fern. Die Unterthanen wurden zwar nicht schwer gehalten. War es doch ein bekannter Spruch: „Unter dem Krummstab ist gut wohnen"; aber das leichte Regiment hatte auch seine schlimmen Folgen; es nährte die

Trägheit und Arbeitscheu, erstickte jedes höhere Pflicht= und Ehrgefühl und stumpfte den Sinn ab gegen nationale und vaterländische Interessen. Es ging ein Gefühl durch die Welt, daß die geistlichen Herrschaften nicht länger haltbar seien. Die Reformen, die hie und da versucht wurden, brachten die Schäden erst recht zu Tage und weckten eine fort= wuchernde Neuerungssucht. Keine deutschen Staatswesen erlagen dem Ansturm der französischen Revolution leichter als die geistlichen; die Experimente mit ungenügenden oder ungehörigen Reformen waren eine Abendröthe, die den Untergang jener Territorien beleuchtete.

Heidelberger Erinnerungen aus ernster Zeit.

Von
Wilhelm Oncken.

Der 3. Juli 1866 hat unserem Volk unter Donner und Blitz eine neue Welt politischen Lebens und politischen Denkens geschaffen. Mit dieser sind unsere Hochschulen heutzutage fest genug verwachsen, um den Rückblick in die Stimmungen nicht mehr zu scheuen, mit denen sie sich damals von alten Anschauungen und Empfindungen losgerissen haben. Von dem Bilde, das die akademischen Kreise Heidelbergs in jener Zeit des Ueberganges darboten, soll hier ein kleiner Ausschnitt gegeben werden, bestehend aus persönlichen Erlebnissen und Eindrücken, die heute veröffentlicht werden können, ohne irgend welche berechtigte Empfindlichkeit zu verletzen.

Als im November 1863 die Schleswig-Holsteinbewegung ihren Anfang nahm, erschien der Lehrkörper der Universität Heidelberg wie ein einziger Mensch mit einer einzigen Seele. Nie werde ich den Abend vergessen, an dem im großen Saale des Museums die beiden gefeiertsten Lehrer der Universität, der Pandektist v. Bangerow und der Historiker Häusser, zu einer Versammlung sprachen, in der Professoren, Bürger und Studenten, Jünglinge, Männer und Greise Kopf an Kopf gedrängt, in athemloser Spannung ihren Worten lauschten. Alle Parteien und alle Stände waren vertreten. Großdeutsche und Kleindeutsche, eben noch aufs Bitterste entzweit, vergaßen ihren Hader, da es galt, zu helfen dem verlassenen Bruderstamme und zu tilgen zu frech gebotene, zu lang ertragene Schmach. Die Einhelligkeit der Parteien löste sich auf, als das Ministerium Bismarck sich politisch und militärisch der großen Frage bemächtigte, und sie ging in einen neuen wilden Meinungskampf über, als nach der Befreiung der Herzogthümer die Frage ihrer Zukunft sich verwandelte in die deutsche Frage selbst und über diese seit dem Antrag auf Bundesreform, den Preußen am 9. April 1866 in Frankfurt stellte, der Ausbruch eines Krieges zwischen Oesterreich und Preußen mit jedem Tage mehr zur Gewißheit ward.

Wie lautete eigentlich die deutsche Frage? Wir antworten unbefangen: Preußen oder Oesterreich. Entweder Bundesstaat mit preußischer oder Staatenbund mit österreichischer Spitze. Ein Drittes gab es nicht.

Für uns ist das heute so klar und einfach, wie das Einmaleins, und wenn es vor zwanzig Jahren ebenso klar und einfach gewesen wäre, so würde es um die deutsche Frage wohl einen Zweikampf der Großmächte Oesterreich und Preußen, aber nicht einen Kampf der Meinungen im Lager auch der Patrioten gegeben haben, denen die Einheit der Nation über Alles ging und die sich eine solche anders als unter Preußen gar nicht denken konnten. Der Verfassungskampf, der in Preußen aus dem Streit um den Neubau des Heeres hervorgegangen war, hatte eben gerade unter den Anhängern Preußens, in der Partei, welche in der Paulskirche die „erbkaiserliche" oder „kleindeutsche" geheißen und die jetzt im „Nationalverein" ihren Mittelpunkt hatte, eine unnatürliche Spaltung, ja einen wahren Bruderkrieg geschaffen, bei dem wir Jüngeren von einem überaus peinlichen Widerstreit der Empfindungen hin- und hergerissen wurden.

Der Zank der Führer einer bisher einigen und durch ihre Einheit starken Partei ist immer eine sehr ernste Sache. Das weiß auch Jedermann und deßhalb wird ihn kein Mensch leichtfertig herausfordern, aber unter den unvermeidlichen Eindrücken, die er hinterläßt, ist derjenige, welcher bei dem jungen Nachwuchse der Partei haften bleibt, der weitaus folgenreichste und doch am schwersten zu berechnende.

Am 18. April 1850 hatte im Volkshause des Unionsparlaments zu Erfurt der damals zweiunddreißigjährige Häusser den Ausspruch gethan: „Preußen ist der Kern, an den der Kryftall des deutschen Staates anschießen soll". Dieser Gedanke klang aus all seinen geschichtlichen Vorlesungen heraus: er war uns Jüngern in Fleisch und Blut übergegangen und blieb unser Leitstern auch jetzt, da es Vielen für Patriotenpflicht galt, eines verhaßten Ministeriums wegen an dem Staate selber zu verzweifeln. Wie weit man auf diesem Abwege sich verirren konnte, das trat geradezu schreckhaft vor

uns hin, als die Forderungen, welche am 22. Februar 1865 der Ministerpräsident v. Bismarck als Vorbedingungen der Einsetzung des Herzogs von Augustenburg stellte, und im Namen der unveräußerlichsten Rechte Preußens und Deutschlands stellen mußte, selbst in der national=
gesinnten Presse Deutschlands — mit ganz wenigen ruhmvollen Aus=
nahmen — entweder offener Verurtheilung oder gehässiger Nichtachtung begegneten. Ich bekenne, daß ich damals an dieser Presse irre ge=
worden bin und von ihr für die praktische Förderung unserer nationalen Wiedergeburt nichts mehr erwartet habe.

Wer so gesinnt war, konnte in dem bevorstehenden Kriege Preußens mit Oesterreich nicht ein Werk frevler Willkür, sondern nur ein Naturer=
eigniß erkennen, dessen elementares Gefälle weder mit klügelnder Diplo=
matie noch mit dröhnenden Volksversammlungsbeschlüssen aufzuhalten war. Die süddeutschen Patrioten dieser Richtung mußten jede Parteinahme für Oesterreich in diesem Kriege unbedingt verwerfen und, wenn eine offene Parteinahme für Preußen unmöglich war, mindestens Neutralität verlangen und beobachten; daß aber, wer diese Neutralität verlangte, den Sieg Preußens wünschte, war ebenso zweifellos, wie der Satz, daß der, der in Süddeutschland zur Theilnahme am Kriege drängte, auf den Sieg Oesterreichs hoffte und hoffen mußte.

Wo nun, wie im größten Theil des Landes Baden, insbesondere in Heidelberg, die letztere Richtung weitaus die Uebermacht besaß, da war es vor Ausbruch des Krieges immerhin gewagt, sich für Neu=
tralität öffentlich auszusprechen, und nach Ausbruch desselben wurde es geradezu gefährlich, das gethan zu haben.

Es erschien damals in Heidelberg ein Blatt, das von einem Privat=
docenten der Universität herausgegeben ward; dies Blatt brachte Dinstag, den 19. Juni 1866 einen „Aufruf", in dem es hieß:

„Der lang gefürchtete Bürgerkrieg ist in unserm Vaterlande aus=
gebrochen. Soll fortan Recht, Gesetz und Sitte in deutschen Landen Geltung haben, oder soll die Gewalt, der Betrug und der Raub die Herrschaft erhalten? Jetzt gilt es einzustehen mit allen Kräften gegen das bundesbrüchige Preußen, das über Nacht ohne Kriegserklärung wie ein Räuber über seine friedfertigen Nachbarn her=
gefallen ist, im trotzigen Vertrauen auf die Hilfe der Wälschen, jener uralten Todfeinde deutschen Namens, und der Franzosen, denen es, wenn nicht alle Anzeichen trügen, im Geheimen den deutschen Rhein, die edelste Perle des Vaterlandes, um Judaslohn verschachert hat. —
So legt denn Hand ans Werk und beschämt durch eure opferfreudige

Bürgertugend jene schmachvolle Rotte von **Schurken** und **Verräthern**, die im Bunde mit Bismarck und den Wälschen das deutsche Vaterland zertrümmern wollen. Gott schütze Deutschland! Gott erhalte Franz den Kaiser!" Und am 21. Juni brachte dasselbe Blatt „eine Standrede an die **Gothaer**", die mit den Worten schloß: „Wir sind frei von den ungeheuren Schandthaten, die auf euch Gothaern lasten; wir lieben unser deutsches Vaterland, darum hassen und verabscheuen wir euch: ihr seid die schmählichsten Fanatiker, denn über Vaterlandsverrath und Schufterei schreitet ihr zum Kampf, um eure ruchlosen Pläne auszuführen. **Habet aber wohl Acht, daß euch diesmal eure Schädel nicht eingeschlagen werden.**"

Das Haupt dieser „Gothaer" war Ludwig Häusser gewesen, bis ihn im Herbst 1865 die schwere Krankheit befiel, die ihn zunächst seiner aufreibenden politischen Thätigkeit vollständig entzog. Von da ab trat J. C. Bluntschli in die anerkannt erste Stelle ein und am 14. Mai 1866 entwickelte er vor der ersten Kammer zu Karlsruhe sein Programm in der deutschen Frage mittelst einer Rede, die durch ihre ruhige Klarheit sehr vortheilhaft abstach von den meisten politischen Kundgebungen jener Tage. Weder in seiner Anfrage über die Haltung der Regierung, noch in der Rede*), mit welcher er sie erläuterte, sprach er ein Wort der Verurtheilung über den bevorstehenden Krieg selber aus, während sogar der Nationalverein in einer Ansprache an die Nation unter demselben 14. Mai sagte: „Eine eigenmächtige Cabinetspolitik droht den unzweifelhaften Willen unseres Volks zu überwältigen — das Rechtsbewußtsein der Nation aber protestirt bis zum letzten Augenblick gegen die Willkür, welche mit dem Schicksal Deutschlands ein unverantwortliches Spiel treibt — gegen einen Bruch des deutschen Landfriedens, dessen Schuld wie ein Fluch auf das Haupt seiner Urheber zurückfallen wird." Ganz anders betrachtete Bluntschli die Lage, über die er sprach. „Die Grundursache der Kriegsgefahr," sagte er, „ist und bleibt die **Unnatur der deutschen Zustände**, welche absolut einer Umgestaltung bedürfen. Ein Blick auf die Landkarte, eine Ueberschau über die Geschichte des deutschen Bundes machen es sofort klar, daß die Grundfrage die ist, in welchem Verhältnisse stehen Oesterreich und Preußen zu Deutschland? Wie sie jetzt sind, können die Dinge unmöglich bleiben. Der Widerstreit der beiden

---

*) Wortgetreu abgedruckt in Bluntschli's: „Denkwürdigkeiten aus meinem Leben", herausgegeben von Seyerlen. Nördlingen 1884. III. 138 ff.

Mächte kann nur durch eine Neugestaltung von Deutschland ein Ende finden, sei es, daß dieselbe durch friedliche Unterhandlung erreicht werde, was unser aller Glück wäre, sei es, daß der Krieg darüber entscheide. So lange diese Neugestaltung nicht vollzogen ist, so lange dauert die Kriegsgefahr fort, gleichviel, ob sie heute vertagt wird oder nicht."

Ebenso verbreitet wie das Vorurtheil, daß lediglich die sogenannte Junkerpolitik Bismarcks die Gefahr des Kriegs mit Oesterreich heraufbeschworen habe, war auch, selbst unter bisherigen „Gothaern", der Abfall vom preußischen Staat und seinem geschichtlichen Beruf, bloß um dieses Ministeriums willen. Zu diesen Abtrünnigen gehörte Bluntschli nicht. „Es handelt sich, fuhr er fort, schon lange nicht mehr um den Grafen Bismarck, sondern um den preußischen Staat, der den Grafen Bismarck überleben wird. Es ist nun einmal unbestreitbar, daß die Neugestaltung von Deutschland nur mit Preußen möglich ist, ohne Preußen niemals. Die Mission des preußischen Staates für Deutschland bleibt, wenn auch die Ministerien in Preußen wechseln. Die Pflichten, welche auf dem preußischen Volke liegen und die schweren Lasten, die es zu tragen hat, sind in unleugbarem Zusammenhang mit den Aufgaben für Deutschland, welche Preußen zu vollziehen hat. Preußen und Deutschland stehen und fallen zusammen, sie lassen sich niemals trennen. Preußen ist ein moderner Staat, dessen Größe ohne Deutschlands Größe nicht zu denken ist. Diese Nothwendigkeit der Verhältnisse wird immer entschiedener hervortreten und zuletzt durchdringen. Diese Nothwendigkeit wird auch einen Umschwung in der preußischen Politik erzwingen. So energisch und thatkräftig Graf Bismarck sein mag, ohne Frieden mit dem preußischen Volk und ohne Verständigung mit der deutschen Nation ist die Mission Preußens nicht durchzuführen. Weder die Gewalt allein, im Widerspruch mit dem Volkswillen, noch der Volkswille ohne die Staatsgewalt vermögen es. Erst von dem Augenblick an, wo beide zusammen gehn, ist die Erreichung des Zieles möglich. Das ist der innerste Kern der Frage."

Man braucht dieses Wort vom 14. Mai nur zu vergleichen mit der Thronrede vom 5. August 1866, in welcher der Sieger von Königgrätz Frieden schloß mit seinem Volke und dadurch die Verständigung einleitete auch mit der deutschen Nation, — um zu sehen wie richtig Bluntschli damals schon die politischen Folgen eines Sieges der preußischen Waffen aus dem Naturgesetz der Einheit der Interessen

Preußens und Deutschlands zu deuten wußte, während sonst sogar unter den bisherigen Anhängern Preußens gegen die Angst vor einer fürchterlichen Reaction, die eben diesem Siege folgen müsse, schlechterdings keine Einrede kühler politischer Ueberlegung auftam.

In diesen Erwägungen lag der Schwerpunkt und der bleibende Werth der Rede, nicht in dem Antrag auf Neutralität: denn den konnte man auch mit ganz andern Beweggründen empfehlen. In der ersten Kammer fanden die Motive Bluntschli's nur bei Ministerialrath Dr. Jolly, dem spätern Minister, und Hofrath Dr. Schmidt warme Zustimmung. Der Abgeordnetentag aber, der am 20. Mai in Frankfurt gleichfalls auf Neutralität bestand, verfehlte nicht, in demselben Athem den Krieg selbst als einen „unnatürlichen", „unwürdigen", „nur dynastischen Zwecken dienenden Cabinetskrieg" zu ächten.

Die Hergänge auf diesem Abgeordnetentag waren am 26. Mai Gegenstand einer sehr lebhaften Verhandlung in Heidelberg. Im Gartensaal des Museums, dem Raum, in welchem der hist.-philosophische Verein jeden Montag seine Sitzungen hielt, sah man an diesem Samstagabend eine Versammlung von über hundert Männern mit mehr als gewöhnlich kampfbereiten Gesichtern. An dem Platze, an dem ich als Schriftführer genannten Vereins zu sitzen pflegte, saß ich auch an diesem Abend, um, wie sonst wissenschaftliche Vorträge von Zeller, Helmholtz, Stark, Wattenbach, Ihne, Cantor u. A., so diesmal politische Reden unserer bekanntesten Parteiführer für das Heidelb. Journal stenographisch aufzunehmen.

Geheimrath Bluntschli erstattete Bericht über den Abgeordnetentag und was außer durch ihn von Geheimrath Knies und den Professoren Dr. Wundt, Dr. Goldschmidt, Dr. Alexander Pagenstecher und v. Langsdorff mit großem Nachdruck für die Neutralität ausgeführt ward, war so schlagend, so überzeugend, daß man allerdings neugierig sein durfte auf die Gründe, mit denen man versuchen würde, sich ihrer Logik zu erwehren. Von den drei Rednern, die das versuchten, kam nur Einer in Betracht, der alte Geheimrath Welcker.

Ich sehe ihn noch vor mir den greisen Jüngling mit den breiten Schultern auf dem grobknochigen Körper, dem von Lebens- und Genußfreude strahlenden Gesicht und den großen feuersprühenden Augen, die ihm wenn er redete, etwas von dem Ansehen eines gereizten Bullen oder eines angeschossenen Ebers gaben. Wenn ich ihn mir jetzt wieder vergegenwärtige, wie ich ihn damals reden hörte, mit dem Ungestüm seiner Sprache und der Donnerkraft seiner Stimme, so will mir immer wieder unglaublich vorkommen, daß er damals wirklich und wahrhaftig (geb. 29. März 1790) sein sechsundsiebenzigstes Lebensjahr bereits vollendet hatte. Freilich, über die Natur der deutschen Frage, über den ehernen unerbittlichen Gegensatz der Großmächte Preußen und Oesterreich, über die Unheilbarkeit des Dualismus im deutschen Bunde war er wieder ganz so unklar wie einst in der Paulskirche, als er mit all seinen Freunden brach, mit Demokraten, Ultramontanen und Partikularisten zusammenging, nur um abzuwenden „den preußischen Erbkaiser", aber auch den sich gefallen lassen wollte, wenn — Oesterreich ihn zuließe, bis er dann am 12. März 1849 öffentlich bekennen mußte, daß er in einer tiefen Täuschung gelebt habe; Fürst Schwarzenberg hatte ihn mit Gewalt herausgeschleubert aus seinem großdeutschen Kaisertraum. Der Standpunkt, den er jetzt einnahm, war sehr sonderbar. Ein Redner sagte nachher darüber, das kommt mir vor, wie wenn man erst einen Menschen todt schlüge mit dem Vorbehalt ihm nachher das Leben zu retten. Welcker sagte nämlich: Er wolle nicht Unterordnung unter Oesterreich, sondern Theilnahme am Kampf gegen den Friedensstörer. Eine Reaktion durch einen Sieg Oesterreichs fürchte er nicht: Preußen werde, wenn es auch, was leicht möglich, Schläge erhalte, darum doch nicht verbusten, es würde doch bestehen bleiben und dann könnten wir immerhin mit Preußen vereint uns gegen die Ungerechtigkeit Oesterreichs wenden. Wenn aber das preußische Junkerthum siege, dann sei Deutschland verloren; denn die Mainlinie würde die unausbleibliche Folge sein und dies sei die absolute Vernichtung Deutschlands. Preußen werde in solchem Kriege nicht vernichtet werden: so wenig es durch Napoleon vernichtet worden sei. Die Schläge von damals seien ihm vielmehr wohlbekommen, denn es sei wenigstens auf einige Jahre das Junkerthum losgeworden. Vor Magenta hat man gesagt, der Kaiser muß Schläge bekommen, sonst erhalten wir keine Freiheit: der Kaiser erhielt Schläge und Oesterreich erhielt die Freiheit (Gelächter). Solche Schläge wünsche man auch Preußen, damit das Junkerthum falle. — Das beste Mittel den Frieden zu erhalten, sei das, daß die 10 Millionen Süddeutsche, die Fürsten vereint mit dem Volk, das ganze Volk bewaffnet, sich mit derjenigen Macht vereinten, welche den Krieg verhindern will und sich gegen den ungerechten Angreifer kehrt.

Seit diesen Maitagen lag in Heidelberg über allen Kreisen jene drückende Schwüle, die einem großen Gewitter vorherzugehen pflegt. Um den Führer der „Gothaer", den Geheimrath Bluntschli, wurde es einsamer und immer einsamer. Buchstäblich richtig ist, was er hierüber später in seinen Denkwürdigkeiten gesagt hat von den „feindlichen oder scheuen Blicken", die ihm auf der Straße folgten, von ganz offen laut werdenden Bedrohungen seiner Wohnung, ja seines Lebens. Von Manchem scheint er gar keine Kenntniß bekommen zu haben. Ich selbst habe ein geradezu infames Flugblatt zu sehen bekommen, das in allen Wirthschaften herum gereicht ward und das ganz unmittelbar zu Gewaltthaten gegen ihn aufreizte. Freilich fehlte es ihm auch nicht an Freunden. Als in der Stadt allen Ernstes erzählt ward, das Haus solle ihm gestürmt werden, kamen Abordnungen der Schützen und der freiwilligen Feuerwehr zu ihm, um ihm anzukündigen, beim ersten Alarm werde sein Haus ihr Stelldichein sein. „Ich verspürte damals," sagen die Denkwürdigkeiten, „die stille Wirksamkeit der Freimaurer zu meinen Gunsten." In der That sind diese damals der Kern seiner unsichtbaren Leibwache gewesen. In ihrem Kreise kennt man diejenigen noch heute, die in mancher Nacht, in der er ruhig schlief, gewacht haben, um ihn zu schützen und die ihn begleitet haben, wenn er bedroht war oder bedroht schien, und die das thaten, waren durchaus nicht alle seiner politischen Richtung.

Der Krieg brach aus, die Truppen Badens machten ihn im 8. Bundesarmeecorps mit, und der Entscheidung, die in Böhmen fallen mußte, sah Alles mit fieberhafter Spannung entgegen, als in der letzten Woche des Juni — leider habe ich mir diesen für mich denkwürdigen Tag nicht aufgemerkt, — der Professor der Theologie Dr. Heinrich Holtzmann in einem Zimmer der Museums einen kleinen Kreis näherer Freunde, der auf seine Bitte zusammengekommen war, mit den Worten anredete: „Wenn Preußen unterliegt, so gehen wir Alle mit unter. Wenn es siegt, dann werden wir eine andre Stellung einnehmen als jetzt. Thun wir wenigstens, was wir können, arbeiten wir in der Presse für die gute Sache. Ich komme eben aus Karlsruhe. Die Badische Landeszeitung hat ihrer Haltung wegen 400 Abonnenten verloren und dem Verleger hat man die Fenster eingeworfen. Aber der Redakteur Professor Hauser und der Eigenthümer, Herr Macklot, sind fest entschlossen, nicht um Haaresbreite zu weichen. Dringend bitten sie um Unterstützung. Geben wir sie ihnen, indem wir Leitartikel und Stimmungsberichte schreiben. Was von uns kommt, wird unverzüglich aufgenommen."

Dem kleinen Kreis, an den dieser Aufruf gerichtet ward, gehörten an: Professor Dr. Goldschmidt, Pfarrvicar Hönig, Privatdocent Dr. Nippold, Dr. Ernst Martin und ich, damals außerordentlicher Professor der Philologie und Geschichte. Die Arbeit begann auf der Stelle. Der erste Artikel „der Krieg und der Zollverein" erschien noch am 1. Juli, der zweite „Schwarze und rothe Presse" am 4. Juli, war aber noch geschrieben, bevor von der großen Entscheidung bei Königgrätz in Heidelberg Näheres bekannt war; alle folgenden waren unter dem gewaltigen Eindruck dieser entstanden. Dank unserm Fleiß oder vielmehr der ungeheueren Aufregung, in der wir lebten und die wir uns gewissermaßen vom Herzen herunterschreiben mußten, kam die „Badische Landeszeitung", die ihrer ritterlichen Haltung in der That unverbrüchlich treu blieb, in die sehr angenehme Lage, außer zahlreichen Stimmungsberichten so ziemlich jeden Tag zwei Leitartikel aus Heidelberg drucken zu können, die sammt und sonders eine sehr kräftige, dem Ministerium Edelsheim und seinem seltsam gemischten Gefolge höchst empfindliche Sprache redeten.

Der Abdruck einer Auswahl dieser Artikel, an denen sich auch zwei damals in Karlsruhe wohnhafte ehemalige Docenten der Universität, Ministerialrath Dr. Jolly und Oberkirchenrathsassessor Licentiat Adolph Hausrath, betheiligten, würde eine sehr geeignete Festgabe der Badischen Landeszeitung zum Jubiläum der Ruperto-Carolina sein; dabei würden die Verfasser mit vollem Namen genannt werden können, haben sie sich ja des damals Geschriebenen nicht zu schämen. Ich selbst habe unter dem Zeichen ✢ vom Anfang Juli 1866 bis Ende des Jahres 60 Aufsätze von meist beträchtlichem Umfang für die badische Landeszeitung geschrieben, die bis auf wenige als Leitartikel zum Abdruck kamen und denen im Jahre 1867 noch weitere 86 nachgefolgt sind. Ich setze einige der Ueberschriften hierher: „Vor drei Wochen und jetzt". „Süddeutsche Geständnisse". „Der Umschwung". „Wer ist an allem Schuld?" „Die deutsche Gefühlspolitik" (3 Artikel). „Friede für Baden". „Die kleindeutsche Eidgenossenschaft". „Die Götzendiener des Erfolgs und die Götzendiener des Programms". „Nördlich des Mains Bundesstaat, Südlich des Mains Staatenbund". „Das heutige Deutschland" (4 Artikel). „Die preußische Thronrede und die Feudalen". „Die Bildung einer deutschen Partei". „Die Sühne". „Der Umschwung in Bayern". „Der Friedensschluß in Preußen". „Prophetische

Stimmen über Preußen". „Die Nationalen in Italien und Deutschland". „Heeresreform in Frankreich". „Das Rundschreiben von Lavalette". „Oesterreich und Herr v. Beust". „Was erreicht ist?" (2 Artikel). „Das neue Italien". „Die Erfindung des süddeutschen Bundes". „Geschichte des deutschen Krieges (2 Artikel). „Enthüllungen" (2 Artikel). „Vaterländische Strafpredigt an die großdeutsche Demokratie" (2 Artikel). „Zwei Reden" u. s. w.

Fast sammt und sonders trugen diese Aufsätze, wie das ihr Ursprung mit sich brachte, einen polemischen Charakter. Unter den wenigen, die davon ganz frei waren, ist einer, dessen vollständiger Wiederabdruck meinen Heidelberger Freunden nicht unwillkommen sein wird. Derselbe ist Ende December 1866 als Nachruf an das scheidende Jahr geschrieben und lautet in der Nr. 307 vom 30. December 1866 unter dem Titel: „Zum Jahreswechsel" wie folgt:

„Der Jahreswechsel trifft den Deutschen diesmal in anderer Verfassung als sonst. Ein Sturm widersprechender Empfindungen jagt ihm durch die Brust, da er die Rechnung dieses ereignißvollen Jahres zieht und von der entsagenden Ergebung, mit der er früher das öde Einerlei der abrollenden Wochen, Monate und Jahre dahin rinnen sah, ist keine Spur mehr übrig. Seine Wünsche sind kühner, seine Erwartungen gespannter, seine Hoffnungen zuversichtlicher geworden, als je vorher, und auch in die Herzen, die der eherne Lauf der Geschicke verstimmt und enttäuscht, ist ein stärkeres Empfinden, ein entschlosseneres Wollen gekommen und hätte sich's auch nur geäußert in dem gewaltsamen Bemühen, den Panzer alter Vorurtheile gegen übermächtige Eindrücke fester zu schmieden.

Wohl hat es dem Deutschen an der Schwungkraft des Hoffens nie gefehlt, denn seine Sehnen sind zäh und seine innere Gesundheit ist unverwüstlich; immer wieder hat er den Stein emporgewälzt, der ihm noch stets am Gipfel entglitten ist, immer wieder hat er die Hand ausgestreckt nach den goldenen Früchten, die ein hämischer Gott dem Träumenden vorgehalten, um sie dem Erwachten wieder in unerreichbarer Ferne zu zeigen, und doch hat er nie verzagt in unerschöpflicher Geduld, doch hat er stets die segenlose Arbeit von vorn begonnen und sein ungestüm pochendes Herz gestillt mit dem Mahnruf des Dichters: „Wohl uns, wenn das getäuschte Herz nicht müde wird, von Neuem zu erglühen, das Echte doch ist eben diese Gluth." Der Deutsche glich jenem Königssohn der Sage, an dessen Wiege alle gütigen Feen erschienen sind mit dem reichen Füllhorn ihrer Gaben, bis auf **eine**, die nicht geladen worden und die ihn verwünscht, daß all seinen Gaben die Erfüllung, all seinem Thun der Segen fehle. Was Menschenwitz und Menschenarbeit vermag, beß hat der Deutsche vor allen andern Völkern sich bemeistert, aber **staatlos** ist er geblieben bis auf diese Stunde, eine **Nation** sollte dies Volk nicht werden und doch ist eben das die Weihe und die Krone eines Volks, dem der Beruf geworden ist, der erste Träger aller menschlich edlen Geistesbildung und Gesittung zu sein.

Darum blieb all sein Schaffen Stückwerk, darum haftete seinem Empfinden und Wollen ein Zug kränklicher Halbheit an, darum fehlte seinem Wollen und Streben jene zweckbewußte Sicherheit des Auftretens, die das selbständige Eingreifen in den großen Gang der Geschicke zugleich erheischt und erzieht.

Der Deutsche fühlt sich am Vorabend besserer Tage: die Flüchtlinge draußen heben stolzer ihr Haupt, denn die Fremde achtet nicht mehr bloß deutsche Kunst und Wissenschaft, deutsche Arbeit und deutschen Fleiß, sondern auch die deutschen **Waffen** und rüstet sich, den **deutschen Staat** ebenbürtig in die Völkerfamilie aufzunehmen. Und der Bürger daheim, aufgeschreckt aus dem Traumwandeln seiner politischen Kinderjahre, schickt sich an, die ernsthafte Arbeit am Bau seiner Einheit und Freiheit zu beginnen, für die der Krieg des Sommers 1866 das Feld freigemacht, und ein Hauch kräftigeren Glaubens schwellt ihm die muthige Seele.

Viel holde Täuschungen hat er begraben und die Thräne schändet ihn nicht, die er ihnen vielleicht nachsendet im stillen Kämmerlein, wie der reife Mann, der an die goldene Zeit seiner ersten Liebe zurückdenkt: so glänzend und reizvoll, so himmelblau und wonnig, wie sich's der heranwachsende Jüngling denkt, ist eben das Leben nicht, und wehe dem, der nicht bei Zeiten lernt, daß das Leben ein Kampf ist, in dem selbst die stählerne Kraft nicht immer obsiegt, die weiche Gefühlsseligkeit aber auf alle Fälle rettungslos erliegt.

Der Deutsche von heute hofft nichts mehr vom alten Barbarossa, der alle hundert Jahre aufwacht, um — wieder einzuschlafen; auch für ein Dornröschen hält er sich nicht mehr, das ein verwunschener Prinz entzaubern und reich geschmückt zur Hochzeit führen soll: auch der Dichter will er nicht mehr sein, der zu spät kommt bei der Theilung der Erde und sich mit dem allezeit offenen Himmel der Poesie getrösten muß.

Was er künftig erwartet, erwartet er von **sich selbst allein**;

was er hofft, hofft er nicht mehr durch ein Wunder zu gewinnen, sondern zu erreichen durch eigene Kraft und den Platz, den er einzunehmen sich fähig und würdig hält, sucht er nicht mehr im Jenseits der Dichtung und der Träume, sondern auf der großen Rennbahn der Nationen, die den Schüchternen bisher grob zur Seite stießen; ihre Schranken sind jetzt auch ihm geöffnet.

Und zu verzweifeln braucht er nicht, daß das Werk gelingen werde, denn seine Kraft ist erprobt im Ertragen des Unerträglichen. Ein Volk, das den Jammer deutscher Zustände ertragen hat, ohne irre zu werden an sich selbst und ohne unterzugehen in der blutigen Reibung mit seinen mächtigen Nachbarn, ein solches Volk darf nicht zagen, wie schwer und düster auch die Wolken herabhängen mögen; wohl aber darf es freudig aufathmen in dem Augenblick, da der Alpdruck ihm von der Brust genommen ist, der all seine Kräfte lähmte, all sein Streben beklemmte. Ein Zehntheil der zähen Kraft, die Deutschland im Dulden an den Tag gelegt, reicht aus, seiner Arbeit den glänzendsten Erfolg zu sichern. Oft wollte uns scheinen, als ob der Unglückliche, dessen Neujahrsnacht Jean Paul so ergreifend geschildert hat, der an Jahren ein Jüngling, an verzweifelnder Gewissensangst ein Greis auf sein abgelaufenes Leben wie auf einen Kirchhof voll grinsender Gespenster und unheimlicher Irrlichter zurückblickt, als ob dieser Unglückliche — der Deutsche sei.

Der trostlose Vergleich paßt heute nicht mehr, und was der Philosoph Fichte im Jahre 1808 mit der Ahnung eines Sehers ausrief: „Mögen die Bestandtheile unseres höhern geistigen Lebens und eben damit die Bande unserer Nationalität ebenso zerrissen und in wilder Unordnung zerstreut durch einander liegen wie die Todtengebeine in der Vision des Ezechiel, mögen Stürme und Regengüsse und sengender Sonnenschein sie Jahrhunderte lang gebleicht und ausgedörrt haben — der belebende Odem der Geisterwelt hat noch nicht aufgehört zu wehen, er wird auch unseres nationalen Körpers erstorbene Gebeine ergreifen und sie aneinander fügen, daß sie herrlich dastehn in einem neuen und verklärten Leben!" — das dürfen wir heute mit ganz anderer Zuversicht wiederholen und Niemand darf uns darob einen Träumer schelten."

König Ludwig I. von Bayern*).

Von
Carl Lemcke.

> Die Zeit gleicht einem Wirth nach neuer Mode,
> Der lässig drückt dem Gast die Hand, der geht,
> Doch offnen Arms, als ob er fliegen wollte,
> Den grüßt, der kommt. Willkommen lächelt stets,
> Ade geht seufzend ab. Nicht suche Tugend
> Vergeltung für die That, die sie gethan.
> Denn Schönheit, Witz,
> Hohe Geburt und Kraft, Verdienst im Krieg,
> Lieb', Freundschaft, Huld, sind alle unterthan
> Der neidischen, verleumberischen Zeit.
>
> Shakespeare: Troilus und Kressida.

Unter den Fürsten und Staatslenkern, welche sich in der Geschichte ihres Volkes durch großartige Förderung der Kunst unvergängliches Verdienst erworben haben, zählt König Ludwig I. von Bayern zu den hervorragendsten.

Sein Name könnte, wie ein ägyptischer Königs-Standarten-Name, als Symbol für die neue deutsche bildende Kunst in der ersten Hälfte unseres Jahrhunderts dienen.

Der Enthusiasmus in der Frühlingszeit seines Wirkens, als man noch die winterliche Oede im Angedenken hatte, die dem „Schaffen an allen Enden" unter seiner Regierung voraufging, hat sein Verdienst

---

*) Dieser Vortrag wurde in der 164. Sitzung des historisch-philosophischen Vereins am 4. Mai 1868 nach dem Tode König Ludwigs gehalten. Seine Veröffentlichung dürfte zugleich im Hinblick auf die in diesem Jahre bevorstehende Gedenkfeier des hundertjährigen Geburtstages König Ludwigs erfolgen. — Für die Literatur vgl. das treffliche Werk von C. Th. Heigel, Ludwig I., König von Bayern. Leipzig, Duncker & Humblot 1872.

in den Hauptzügen richtig gewürdigt. Danach ist es gekommen, wie gewöhnlich: Sommer und Herbst erfüllen nicht Alles, was Frühling versprach oder erhoffen ließ. Das Werk der Künstler, die König Ludwig führte, war gethan. Neues war daneben erstanden oder setzte an, als der Geist, der ihre Schöpfungen hervorgerufen, sich auslebte — dem geistigen Fortschrittsgesetz gemäß geschah das im Gegensatze gegen das Letzt=Herrschende, und unserer Zeit entsprechend mit großer, in Kritik und neuer Reclame lauter Tendenz=Heftigkeit. Das Urtheil wandelte sich. Mäkeln, Tadeln, Mißverstehen, Verwerfen folgte. Kalt erschien der jüngeren Generation Vieles, was ein Menschenalter vorher die Herzen hatte höher schlagen und erglühen lassen, leer, was, als es entstand, eine unerschöpfliche Fülle für die staunenden Verehrer barg. Verirrung hieß, was einst die neue Aera so mannigfaltig ge= macht hatte. Und nun stürzte man die Männer in den Staub oder überschüttete sie mit Hohn, die früher als die Lichtträger der neuen Zeit begrüßt worden waren.

Doch das ist allgemeines Loos auf Erden. Eine Epoche thut es der andern an, als ob sie nur dadurch eine Berechtigung zum Fort= schritt gewinnen könne. Und jung muß der weithin wirkende Mensch sterben, der solches Schicksal nicht persönlich an sich erfahren will.

Hat nicht schon ein Aeschylus es erdulden und eine gerechte Wür= digung seiner Werke der Zeit überlassen müssen? Hat nicht Shakespeare solche Wahrheit bitter erprobt und in den Worten gefestigt, wie lässig die Zeit als Wirth dem Gast die Hand drückt, der geht! . . . Und auch sein weiteres Wort gilt dabei oft:

Natur macht darin alle Welt verwandt,
Daß neugeborenen Tand ein Jeder preist,
Entstand und formt er sich aus Altem gleich,
Daß Jeder Staub, der nur mit Gold beklebt,
Mehr lobt, als selbst das überstäubte Gold.
Der Blick von heute greift, was heut er sieht.

König Ludwig und die Seinen haben es in ihrem Alter und im Urtheil der Welt nach ihrem Tode erfahren.

Eine Hauptschwierigkeit für die Würdigung einer Epoche liegt darin, daß man sich das durch sie Geschaffene hinwegdenken und sich vergegenwärtigen muß, wie es vor ihr und ihrer neuhinzugebrachten Mannigfaltigkeit aussah. Man trägt zu oft die spätere Fülle in das frühere Bild hinein und sieht Reichthum, wo es nur stellenweise Glanz unter viel Armuth gab.

Dabei gilt, daß fast keine Zeit ganz Genius-verlassen ist. Das Beste, Erlesenste aus ihr wird erhalten. Nach diesen Ausnahmen bildet sich dann das gewöhnliche Urtheil, zumal wenn jene Werke wieder neueren Tendenzen entsprechen, und nun erblickt spätere Kritik danach eine Epoche im Licht der „guten alten Zeit", findet sie ausgezeichnet, einen Abfall von ihr unnöthig, verkennt, daß sie sich ausgelebt hatte und setzt die je folgenden Neuerungen herab.

Es spricht für die Bedeutung König Ludwig's, wie solche Kritik ihn für die Kunst seiner Zeit verantwortlich gemacht hat, als ob sie seine Schöpfung sei, während er doch nur mit königlicher Macht die Kunst und Künstler, die er vorfand, und die als die Besten ihrer Zeit gepriesen waren, förderte. Er schuf jene Kunst nicht; er verhalf ihr nur zum Siege.

Doch man mißt einmal nicht mit gleichem gerechten Maße, wenigstens nicht in der ersten Zeit nach einer vergehenden Epoche.

Wie preist man Karl August von Weimar für das, was er für unsere großen Dichter gethan hat!

Ehre sei ihm dafür! Aber wie gering ist sein Verdienst gegen das König Ludwig's für die bildende Kunst! Wie hat Ludwig für die bildende Kunst sich mühen, sorgen, wagen, entsagen, dulden müssen! Was hat er in einem langen Leben dafür durchgekämpft!

Mit Schiller's Wort vom Tell kann man von ihm sagen: wäre er nicht so eigenthümlich gewesen, hätte er nicht auch die Charakterzüge besessen, die man ihm vorwirft, nie hätte er erreichen können, was er, Begeisterung mit hohem Ehrgeiz und einem bis zum Starrsinn gehenden Eigenwillen vereinigend, erreicht hat.

Zum Verständniß von König Ludwig und seinem Kunstwirken wollen diese Worte beitragen. Die Geschichte der Zeit und seine Gedichte sind dafür unsere Hauptquellen. Nicht sein Lob, psychologische Erkenntniß und eine gerechte Würdigung seines Strebens und seiner Schöpfungen, aus der Zeit heraus, nicht mit absoluter Kritik zu geben, ist die Absicht.

König Ludwig war eine durch und durch ästhetische und poetische Natur, dabei ein echter Sohn seiner Zeit, ihr geistiges Ergebniß.

Ihn zu verstehen, muß man die Zeit kennen, die ihn so gebildet hat.

Aus vielen Quellen ist zusammengeflossen, was den Aufschwung des deutschen Geistes in der zweiten Hälfte des vorigen Jahrhunderts ergab.

Philisterei, darüber höfisch französisches, in einigen Beziehungen auch noch barock-italienisches Wesen, das war, kurz charakterisirt, der allgemeine geistige Zustand in Deutschland in der ersten Hälfte des vorigen Jahrhunderts, lange, lange noch nachwirkend.

In der Fremde, in England und in Frankreich selbst begann die Reaction gegen den herrschenden französisch-höfischen Geschmack. Deutschland folgte. Zwei neue Strömungen gewannen Bedeutung: der Realismus, der schon damals auch zum rücksichtslosen Naturalismus gesteigert wurde, und die neue Renaissance, die abermals, über die Barockzeit hinweg, auf die classischen Muster und danach auf die erste, reine Renaissance selbstständig zurückgriff. Sie theilte sich je nach der Vorliebe für das Römerthum oder das Griechenthum: dort die augusteische Zeit, in besonderer Strömung der erotische Geist der späteren Epoche, dann aber auch die martialische, republikanische, römische Gesinnung, die besonders für Frankreichs politische und Kunst-Geschichte wichtig wurde, hier griechisches Wesen und griechische Kunst als Vorbild. Bei der jetzt sich erweiternden Kenntniß der griechischen Kunst kam dadurch ein neues Moment zu den Errungenschaften der ersten Renaissance um 1500 hinzu.

Für Deutschland ward nun außerdem von höchster Wichtigkeit, daß als Gegengewicht gegen die fremden Einflüsse, wenn auch gleichfalls auf Anregung aus der Fremde hin, der Cultus des Nationalgefühls plötzlich erstand und, durch die Dichtung mit religiöser Inbrunst gepflegt, die Gemüther ergriff.

Die Siege Friedrichs des Großen ergaben dafür den realen Untergrund.

Klopstock verschmolz Griechenthum, Religion und Deutschthum in seiner noch barocken Größe. Den rücksichtslosen Aufklärungsdespoten zeigt er, wie er seine griechische Formrevolution, eine fast tausendjährige Entwickelung einfach negirend, in der deutschen Dichtung durchzusetzen suchte.

Daneben ging die realistische und die französische Strömung fort, beide in den neuen Verbindungen und Mischungen der englischen, deistischen oder skeptischen und classischen Einflüsse jener Tage.

Vielfach gewann jetzt das Griechenthum vor dem Römerthum den Vorzug: Winckelmann zog dafür nun auch in der bildenden Kunst das Facit: es war wieder echt im Sinn der radicalen Zeit, wie er die griechische Kunst als die Kunst an sich und einziges Muster proclamirte. Groß und nachhaltig war die Wirkung.

Doch trat ihm in der deutschen Literatur sogleich Herder entgegen, der endlich die doctrinären Schulbande zersprengte und das neue Evan=

gelium verkündete, daß Genius und Kunst nicht in einem Stil oder Volk, nicht in einer Volksschichte, einer Zeit beschlossen und Natürlichkeit, Kraft, Originalität die wahren Kennzeichen des Genius seien.

Der Zopfzeit war damit der Hauptschlag versetzt.

Zunächst erhoben sich nun die Original- und Kraftgenies: Goethe und Schiller als die genialsten. Doch gerade in diesen Führern erhielt schließlich die neue Renaissance über alle andern Bestrebungen den Sieg. Und damit war die Vorherrschaft solcher Renaissance für den deutschen Geist in den nächsten Zeiten und bis in unsere Tage gesichert.

Aber die Herdersche Errungenschaft ging nicht verloren. Goethe selbst war dafür das größte Beispiel. Es war in dem neuen Geschlechte ein ungeheurer Ausdehnungsdrang nach der Enge und philisterhaften Gebundenheit der vorausgegangenen Epochen.

Man versenkte sich nicht blos aufnehmend in Geist, Stimmung, Kunst aller Völker und Zeiten, sondern schuf aus diesem Wieder-Leben heraus: die Weltliteratur und die Weltkunst überhaupt begann. Man dichtete, bildete in allen Stilen. Wer nur formale Nachbildungskraft hatte, übersetzte und reproducirte.

Man sehe nur den einen Goethe in seiner genialen Schöpfungsfülle: im Nacheinander, auch wohl im Nebeneinander finden wir da Dichtung der Gegenwart, des französischen und des natürlichen Stils, der modernen Sentimentalität, des deutschen realistischen Mittelalters und der Romantik, der Antike, der italienischen, der französischen Renaissance, des neuen naturwissenschaftlichen Geistes, der älteren allegorischen Barockzeit und dazu die Dichtungen des Orients u. s. w.

Dies Nacheinander und Nebeneinander aller Stile in der deutschen Dichtung, die gepriesene Weltliteratur wiederholte sich nun einfach in der bildenden Kunst.

Auch diese kämpfte damals mit dem Realismus — wir könnten einen Schadow wohl mit Lessing vergleichen — oder mit dem neuen classischen, weicheren oder strengeren, oder erhabeneren Stil der römisch-griechischen oder griechischen Kunst (Canova, Carstens, David, Flaxman, Thorwaldsen, Dannecker u. s. w.) sich langsam vorwärts gegen den noch herrschenden akademischen Barock- und Zopfgeschmack. In der Malerei ging man, soweit die Antike keine Anleitung gab, auf die erste Renaissance zurück (die neue Erhebung Rafaels).

Es war am 25. August 1786, im Jahr, in dem Goethe nach Italien ging, sich selbst wiederzufinden und dort nun seine und damit unsere volle Renaissance fand, daß dem französischen Regiments-Commandeur, Prinzen Maximilian von Pfalz-Zweibrücken und seiner Gemahlin, einer protestantischen, hessischen Prinzessin, in Straßburg ein Sohn geboren wurde, der nach seinem Pathen, dem König Ludwig XVI. von Frankreich, den Namen Ludwig erhielt.

Drei Jahre hernach zwang die Revolution Maximilian, Frankreich zu verlassen. Sorgenvolle Wanderjahre begannen für den unbemittelten pfälzischen Prinzen, der schließlich Mannheim zum Wohnort erwählte. Mannheim mit Schwetzingen, später das Dorf Rohrbach an der Berglehne dicht bei Heidelberg sind das Stück Pfalz, das Ludwig als seine eigentliche Heimath betrachtete.

Tiefen Eindruck machte auf ihn, wie seine Gedichte ergeben, Schwetzingen mit seinen berühmten Bau- und Gartenanlagen im Stil des fürstlichen Geschmacks jener Zeit, mit Palais und Orangerien und Tempeln, Moschee, Ruinen u. s. w., sodann die Ruinen des Stammschlosses seiner Ahnen, das Schloß von Heidelberg. Der Knabe sah es mit den Gefühlen, welche in ihm die französische Revolution und das Andenken an die Mordbrennerei der Franzosen unter Ludwig XIV. erweckte. Seinen Pathen hatten die Franzosen guillotinirt; jetzt zwangen sie ihn und seine Familie zur schreckensvollen Flucht aus Mannheim (1794), das sie bombardirten. Dann beraubten sie seinen Vater und somit ihn des Erbes, denn 1795 starb Herzog Karl II. von Pfalz-Zweibrücken und Max war sein Nachfolger, blieb aber Herzog ohne Land, weil die Franzosen dasselbe besetzt hatten.

Der Noth und Sorge war kein Ende.

Einen Hannibal-Haß sog damals der Knabe mit Klopstockisch-Deutschem Sinn ein gegen die große Nation.

Der Vater hatte die französische Bildung, war übrigens, wie bekannt, von einfachem, gemüthlichem Wesen. Die Mutter verlor Ludwig schon 1796. Er hat sie in seinem Angedenken heilig und hehr als beste und deutscheste der Frauen verehrt. Hochgeschätzt bis zu ihrem Tode 1837 hat er seine Erzieherin, eine Frau Hofrath Weyland. Seine Erzieher waren der originelle, in manchem Barocken wohl auf den Zögling einflußreiche Landpfarrer Sambuga und der frühere Straßburger Professor Kirschbaum.

Leben, Lehrer und der Charakter des jungen Prinzen waren eigenartig. Dazu bewegte sich die ganze damalige Zeit in den Gegensätzen von Revolution und altem Regime. Ludwig ward auch darin ihr Widerspiel.

1797 erhielt er in einer badischen, auch wieder protestantischen Prinzessin eine Stiefmutter. In demselben Jahr ging das väterliche Herzogthum Pfalz-Zweibrücken durch den Frieden von Campo-Formio definitiv an die Franzosen verloren.

Doch 1799 kam das Glück. Karl Theodor von Bayern starb und Maximilian wurde Kurfürst von Bayern. Aus der Beschränktheit, öfteren Einsamkeit und Einfachheit von Rohrbach zog der 13jährige Knabe in das Residenzschloß zu München ein.

Noch ein Sturm war zu überstehen, als die kurfürstliche Familie wieder im nächsten Jahre vor Moreau aus München flüchten mußte ....

Der Sturm der Welt umfing des Kindes Leben,
In Stürmen wurde es zum Mann gezogen.
Um seine Ruhe wurde es betrogen
Und nun kann sie Befriedigung nicht geben —

so erklärte er später seine Rastlosigkeit. Auch die Einfachheit des Lebens betreffs seiner Person hat er in der Jugend gewonnen und auf dem Throne beibehalten.

Jetzt sah er in der empfänglichsten Zeit die Allmacht des alten fürstlichen Regiments, verbunden mit dem Aufklärungs-Despotismus, wie sie der allmächtige Minister Maximilians, Montgelas, der frühere Illuminat und Flüchtling, jetzt in Bayern zu Gunsten der Krone und der neuen Staatsordnungen ausübte ...

Doch hatten jetzt die Greuel der Revolution auch schon eine Reaction heraufbeschworen, die gegen die Aufklärung ansetzend dann aus dem Blut auf der Guillotine und aus den Gesammt-Massacres Leben und Kraft gesogen: jene Romantik, welche die ganze neue Zeit und alle Errungenschaften der Aufklärung verwarf und sich in das bisher so verachtete Mittelalter zurückflüchtete, wie man es sich poetisch und kindlich und auch kindisch als noch von allen Greueln der neueren Zeiten unbefleckt, fromm, rein, bieder träumte.

Dieser Zusammenstoß zwischen Revolution und Reaction ergab im Vor- und Rückwärtsfluthen die heftigste geistige Brandung in den Gemüthern. Auf beiden Seiten auch gleiche Leidenschaften bei den Entschiedenen.

Ludwig war gegen die Franzosen und gegen Montgelas' Regierung und Politik in Bayern. Man findet dies bei Thronfolgern so häufig, daß man es oft selbst wieder für Politik halten muß: um den vorhandenen Gegensätzen gerecht zu werden und auch die Leitung der Gegenpartei in der Hand zu behalten; bei Ludwig war es jedenfalls ein Charakterzug Eigenwege zu gehen. Es war ihm Lust, Stolz, Bedürfniß, Nothwendigkeit. Brennender Ehrgeiz erfüllte seine Brust; ein Ehrgeiz, der Ungewöhnliches erreichen will. Mit Glück und Beharrlichkeit verbunden ergiebt das Große.

Im Frühling 1803 bezog der Prinz die Universität Landshut. Er verkehrte dort mit dem zeitweise nicht blos mißliebigen, sondern auch verfolgten Sailer, durch den er mit den neueren Strömungen im Katholicismus bekannt wurde.

Im Herbst ging er nach Göttingen. Besonders zog ihn jetzt das Studium der Geschichte an. Johannes Müller wurde darin sein Lieblingsschriftsteller. Schon als Kind hatten die Götter des Olymps in Schwetzingen seine Phantasie gefangen genommen. Im Apollotempel hatte er sich nach Griechenland geträumt. Der Eindruck und die Vorliebe blieb dauernd. Noch nach der Universitätszeit setzte er seine classischen Studien fort, ließ sich in München von Jacobi und Jacobs Vorträge halten und trat mit Thiersch in wissenschaftlichen Verkehr.

Der Jüngling hatte durchaus unter dem Einfluß der deutschen Dichtung gestanden. Im November 1804, auf seiner ersten Reise nach Italien, ging ihm in Venedig, vor Canova's Hebe, noch eine andere Idealwelt auf: die der bildenden Kunst..

Durchbrungen plötzlich von der Weihe Segen,
Der Sinn für Kunst war in mir aufgegangen.

Es ging ihm wie Winckelmann in Dresden. Er hatte fortan seinen speciellen Beruf in seiner Leidenschaft für die Kunst gefunden. Er pries dabei, daß er durch keinen fremden Einfluß, weder durch Archäologie noch durch Aesthetik, voreingenommen gewesen sei und ganz vorurtheilslos die neuen Eindrücke habe auf sich wirken lassen.

Wir können aus seinen Dichtungen ersehen, welche Ideale der Dichtung auf sein empfängliches, poetisches, feuriges Gemüth gewirkt haben: für seine Stärke, wie für seine sinnliche Schwäche, die er sich oft vorwarf, ergiebt sich im Ganzen Folgendes:

Zu der deutsch-classischen, Klopstock'schen Idealität, die in ihm nachklingt, kam der französische Einfluß des Lebens, das ihn umgab. Der Repräsentant des durch die neue Classicität gemodelten deutsch-französischen Wesens war Wieland, nach Licht und Schatten. Er hat besonders in Süddeutschland, wohin Lessing weniger drang, großen und lange bis in unser Jahrhundert hinein dauernden Einfluß geübt.

Eine ganz besondere Schule entstand jedoch durch die Vereinigung der erotischen Strömung, der Wieland'schen philosophirenden

Dichtung und der Winckelmann'schen Kunstlehre: wichtig für die damalige ästhetische Betrachtung der Kunst. Das Haupt dieser neuen Richtung war der sinnlichfeurige, frivolüppige, aber geistvolle, genial bedeutende Wilh. Heinse, später Schützling des Kurfürsten von Mainz. Seine Werke haben eine verführerische, sinnlich hinreißende Kraft.

Wer den Ardinghello (1787) und Hildegard von Hohenthal (1796) von Heinse nicht gelesen hat, dem fehlt ein Zeitschlüssel zu wichtigstem Einblick in des Kronprinzen und Königs Ludwig Leben und auch in einen Theil seiner Kunstauffassung.

Zwei Geister wohnten in Faust=Goethe's Brust, noch mehrere in der des Prinzen und Königs Ludwig. Doch über allen andern herrschte bei ihm der Geist jenes Idealismus, für den die Deutschen Schiller verehren.

Schiller ward Ludwigs Ideal und Leitstern.

Bei ihm fand er, was er als das Höchste, Reinste und Stärkste des eignen Wesens suchte: königlich über dem Gewöhnlichen schwebenden Idealismus in der Schiller'schen Allgemeinheit, Kühnheit, Freiheit und Formenpracht. Einseitigere Ideenmenschen haben weniger Gemüth. Was in dieser Beziehung Beiden abging, ersetzte dem jungen, verwandten Geist und Epigonen Schiller's Hoheit des festen, ehernen Willens —

>Aus den Ketten, die um uns geschlagen,
>Flüchtete mein Geist zu Deinem Lied,
>Das in's Land der Freiheit ihn getragen,
>Zu der Dichtung seligem Gebiet.
>
>Von der Welt des Irdischen geschieden,
>Eingesogen Deines Lichtes Strahl,
>Lebte nicht die Seele mehr hienieden,
>Lebte einzig in dem Ideal.

Diese Begeisterung für Schiller hat ihn durchs Leben begleitet, wie die vielen Gedichte zeigen.

Er hat auch Goethe bewundert, ihm nachgedichtet und nachgelebt. Doch lieben konnte der feurige, sprudelnde, ewig enthusiastische Geist Ludwigs das klare gehaltene Olympier=Wesen des älteren Goethe nicht. Das Schön=Sinnliche und Classisch=Hohe sagte ihm am meisten zu. Das Gemüthstiefe, Lyrische des Goethe'schen Wesens blieb ihm verschlossen. Der Karlsschüler und der Königserbe waren sich verwandter.

Er selbst charakterisirt uns seine Art der Liebe zu beiden Männern trefflich in verschiedenen Gedichten, am besten in „Mein Sirius und Hesperus".

> Wenn ich erwacht, bevor ich betrete den Kreis der Geschäfte,
> Les' ich in Schiller sogleich, daß mich's erhebe am Tag.
> Aber nach geendetem Lärmen in nächtlicher Stille
> Flücht' ich zu Goethe und träum' fort den lieblichen Traum.

Die Goethe'schen Elegien dienten oft als Vorbild in dichterischer und anderer Beziehung. Ludwig hat sein Wesen selbst scharf charakterisirt:

> Es möcht' der Mensch gern buhlen und gern minnen,
> Entschweben zu dem Heiligen und Reinen — —

Die fürstliche Sittenfreiheit der älteren Zeit hat er stets beansprucht. Er entschuldigte mit Heinrich IV. von Frankreich seine Privatneigungen damit, daß sie ihn nie in Erfüllung seiner Herrscherpflichten gehindert hätten: schließlich freilich wurden sie mit seinem Starrsinn Veranlassung seines bösen Sturzes, als der ältere Mann im Heinse-Stil aller Sitte und allen Mahnungen Hohn sprach.

Ludwig von Bayern hatte im Willen, der bis zum Eigensinn und Starrsinn sich steigerte, ein Erbtheil seines Pfälzer Geschlechtes überkommen. Er that sich zu gut auf seine Unerschütterlichkeit, die nichts biegen und brechen könne und erinnerte dafür an einen andern berühmten Sproß des Geschlechtes, an Karl XII. von Schweden.

Besonders veranlagt, entschlossen seine eigenen Wege zu gehen, von einer leidenschaftlichen Eigenwilligkeit, die der Furcht, der kühlen Ueberlegung und dem Rath gewöhnlicher Klugheit unzugänglich war, bildete er seinen, für Andere nicht bequemen Charakter und sein so viele Gegensätze umschließendes Wesen aus, dafür er bekannt ist.

Aber ohne seine Originalität und seinen Eigenwillen hätte er nie unternommen, was er so großartig durchgeführt hat. Hätte er sich an die Meinung und Mode der Welt und den Rath Anderer gekehrt, er hätte sich nicht der Kunst ergeben, hätte nicht dem Zorn Napoleon's und dem Aerger Metternich's und der Machthaber der heiligen Allianz getrotzt, wäre nicht Enthusiast für Deutschland geblieben, als in Bayern die Keltomanie herrschte, hätte nicht die Aegineten, den Jlioneus, die Boisserée'sche Sammlung gekauft und sich nicht wegen seiner Kunstliebe und solcher Ankäufe närrisch schelten lassen. Er hätte nie als Kronprinz die Glyptothek gebaut, noch als König München zu der neuen Kunststadt und die bildende Kunst zu einem wichtigen Factor im deutschen Leben gemacht; er hätte auch nicht für die Freiheit Griechenlands geschwärmt, als die heilige Allianz wie ein Alpdruck auf Deutschland lastete.

Die Entwicklung seines Charakters wird übrigens genauer erst die Nachwelt erfahren, wenn die fünfzig Jahre nach seinem Tode vorüber sind, die er für die Eröffnung seines schriftlichen Nachlasses an ausführlichen Tagebüchern bestimmt hat.

Kehren wir zu dem Jüngling zurück, dem in Venedig neue Ideale und Ziele aufgegangen waren, und der begeistert in Rom in die Kreise der Thorwaldsen, Koch, Reinhart, Canova's, der Angelica Kauffmann trat.

Rom, Hellenismus und Deutschthum gingen alsbald auch ihm, wie seit Winckelmann und Goethe, Heinse und Stolberg, allen Deutschen dieser Renaissance, wunderbar zusammen.

Ludwig schwärmte für die Antike und die neue Kunst um ihn. Aber er schwärmte in Rom auch für Deutschlands Größe und fühlte in Tivoli, Angesichts der Ruinen der Villa des Quinctilius Varus, seine Wangen vor Freude und Scham bei dem Gedanken an Hermann erglühen. Ueber Rom's Größe brütend erkannte er, „Herrschaft des Geistes besteht ewig und ewig allein". Im Farnesischen Garten traf ihn erschütternd die Nachricht von Schiller's Tod.

„In Roma,
„Wo ich's verlängern gewollt, hört' ich, das Licht ist verlöscht."
Sein Plan war gewesen, dem verehrten Schiller in Rom ein Dichterheim zu gründen. Wenn er ihn hätte ausführen können!

Schon begann Ludwig Kunstschätze zu sammeln. Im November 1805 kehrte er über die Schweiz und Straßburg, wo er die Kaiserin Josephine begrüßen mußte, nach München zurück. In seiner Geburtsstadt Straßburg hat er damals das Wort gesprochen*): „Das sollte mir die theuerste Siegesfeier sein, wenn diese Stadt, in der ich geboren bin, wieder eine deutsche Stadt sein würde." Er hat auch weiterhin solche Reden geführt: Bayern wurde Hauptland des Rheinbundes und focht unter Napoleon gegen Oesterreich und Preußen und — fuhr gut dabei. Aber der Kronprinz frondirte und war ungefüge in seinem Benehmen und seinen Reden gegen die französischen Machthaber. Durchaus dem Soldatenwesen abgeneigt, durch und durch von ästhetischer, unkriegerischer Geistesrichtung, mußte er damals den Feld-

---

*) Heigel: Ludwig I., König von Bayern S. 1.

zug gegen Oesterreich, im nächsten Jahr gegen Preußen=Rußland, später wieder gegen Oesterreich mitmachen. Nach officiellen Berichten hat er sich gleich zu Anfang durch Tapferkeit Napoleons Lob errungen, nach der Volkstradition, die sich Ludwigs Trotz und Haß gegen den sonst allgemein gefürchteten und vergötterten Napoleon erklärte und zurecht fabelte, hat er sich eine Beschimpfung zugezogen.

Jedenfalls machte er nicht blos eine Faust in der Tasche. Er sympathisirte öffentlich mit den Feinden Napoleons und des Rheinbunds. Sein erster Gang in Berlin, das er Neujahr 1807 betrat, war zu Schadow, eine Büste Friedrichs des Großen zu bestellen. Hatte das deutsche Reich aufgehört zu existiren, dann sollte wenigstens die Kunst von Deutschlands Ruhm und Größe in der Vergangenheit zeugen. Und der bayerische Kronprinz faßte klopstockisch den Vorsatz, eine deutsche Ruhmeshalle, eine Walhalla zu bauen. Wegen der zu treffenden Auswahl berühmter Deutschen schrieb er jetzt an den von ihm verehrten Johannes Müller, bestellte auch im Herbst in Berlin sogleich bei Schadow und dessen trefflichen Schülern Büsten. Er schwärmte für Stadion und benahm sich im Feldzug gegen Oesterreich der Art, daß ihn der commandirende französische Marschall verklagte und er fortan bei Seite geschoben wurde und in bloßer Titular=Stellung in Salzburg und Innsbruck residirte. Daß Napoleon den queren Erbprinzen nie auf den Thron gelangen lassen würde, galt für ausgemacht.

Mit Montgelas' Regierungssystem war Ludwig nicht zufrieden .. Napoleon haßte er. Der in Bayern grassirenden Keltomanie — und in welcher Schamlosigkeit und Gemeinheit trat sie gegen das deutsche und besonders das protestantisch norddeutsche Wesen auf! — setzte er sein glühendes „Teutschthum" entgegen.

In Unmuth, Verbitterung und schiefer Stellung zu den herrschenden Männern gingen diese Jahre dahin; anderseits in idealen Studien und Bestrebungen.

Vom März 1807 datirt er z. B. das Gedicht:

Auf, ihr Teutschen! auf, und sprengt die Ketten,
Die ein Corse euch hat angelegt.

Er hatte gegen die bayerisch=französische Politik sich sträubend eine russische Prinzessin heirathen wollen. Nun vermählte er sich October 1810 mit der Prinzessin Therese von Hildburghausen. Zur Feier gaben die Münchner Bürger ein Wettrennen; das jährliche Volksfest auf der Theresienwiese entstand daraus.

Mit der Anhöhe, auf welcher Ludwig später die Bavaria und Ruhmeshalle errichtete, steht wohl jener Gedanke in Verbindung, den er in Girgenti nach Empedokles' Vorgang faßte:

> empor aus der Fläche
> Eine Höhe zum Schutz wider erkältenden Wind
> Künstlich zu bilden, verbessernd Münchens ungünstige Lage —

Den südlichen Theil dieser Anhöhe sollten Blüthen- und Trauben-Gelände zieren, oben sollte Wald vor dem Nordwind schützen...

An dem Feldzug gegen Rußland 1812 durfte er nicht Theil nehmen. In der Vermischung von bayerischem Partikularismus und deutscher Gesinnung hat er später die barocke Inschrift auf den ehernen Obelisken setzen lassen, den er zum Angedenken des in Rußland zu Grunde gegangenen bayerischen Heeres errichtete: „Auch sie starben für des Vaterlands Befreiung."

In ihm selber, so verkündet er in der „Erinnerung vom Jahre 1812", habe es, während der Wütherich gegen Rußland fortzog, gerufen:

> „Dein Volk befreie, räche,
> Dessen Blut für den Tyrannen floß"

und er hätte den Feind in seinem eignen Lande angreifen mögen —

> Doch! ich war kein Herrscher, nur Gefühle
> Hatte ich, vereinzelt im Gewühle.

Aber auch 1813 durfte er aus Schaukel-Politik nicht mitziehen. Mittlerweile kaufte er 1812 zu anderen Kunstwerken durch Wagner die Aegineten. Sparsam bis zur Knauserigkeit, gab er, wenn es galt, Summen, daß männiglich ihn in der für Kunstwerthe kritiklosen Zeit für närrisch erklärte, so z. B. während des Wiener Congresses, wo er sich übrigens gegen die Machthaber so quer, wie gegen die Franzosen benahm. Er kaufte damals den Torso des sogenannten Ilioneus für 33 000 Gulden. Kaiser Franz wollte den Verkäufer verhaften lassen, weil er „seinen narreten Neffen so angeschmiert".

1815 zog Ludwig mit in's Feld, doch kam er zu spät. Die Schlacht von Belle-Alliance hatte Alles beendet. Schon das Jahr vorher hatte er in Paris darauf gedrungen, daß die nach Paris geschleppte Kriegsbeute den Franzosen wieder abgenommen und ihren früheren Eignern zurückgegeben werde. Zu seiner Freude wagte man jetzt endlich den Franzosen dies zu bieten.

Aus der literärisch-künstlerischen Sphäre war nun die Romantik bis zu den Thronen hinaufgestiegen und eine reactionäre, politisch-kirchliche Macht geworden, die dort, wo so lange der Voltairianismus, als erhaben über der Dummheit und dem Aberglauben des Pöbels, gepflegt worden war, gegen die Aufklärung und ihre Revolutionssaat verwandt wurde. Alle möglichen Formen, Mischungen und Schattirungen waren darin vertreten von der zarten, frommen, gemüthstiefen Gruppe zu der phantastischen und abenteuerlich-haltungslosen, und der mittelalterlich-reckenhaften, von der krankhaften Mystik zu der zelotischen Manie oder der kalten, arglistigen Heuchelei, welche die neuen Stimmungen politisch oder pfäffisch-despotisch verwendete. Wie gewaltig diese geistige Bewegung war, lehrt die ganze damalige Zeitgeschichte.

Selbst Schiller hatte sich der romantischen Richtung in dem Idealismus seiner letzten Periode ergeben. Der Kampf gegen die nüchterne Aufklärung hatte ihn und Goethe dahin geführt, der Romantik Vorschub zu leisten, wie wenig gut er auch auf die sich emancipirenden Sonderbündler der Romantik zu sprechen war. Thorwaldsen und Genossen geben andre Beispiele aus der bildenden Kunst, ganz zu geschweigen von den eigentlichen Romantikern und besonders von denen, die in solchem Geist zum Katholicismus übertraten und zum Theil die fanatischen Vorfechter der Reaction wurden.

Den idealen Erbprinzen zog künstlerisch und politisch Vieles zu den Romantikern: in letzter Beziehung schon die Abneigung gegen Montgelas' Staatsverwaltung.

In dieser Mischzeit von entgegengesetzten Anschauungen und Stimmungen nach Napoleons Sturz schwankten gerade ideale Geister leicht zwischen dem Guten der verschiedenen Extreme und trugen deshalb auf beiden Achseln, während Andere das aus Berechnung und Politik, je nach der Strömung thaten.

Montgelas wurde 1817 gestürzt. Besonders die Rheinbundstaaten hatten aber Ursache, sich in ihrer neugebackenen Souveränität von Napoleons Gnaden durch Rückhalt an ihrem Volke zu sichern. Auch Bayern erhielt eine Verfassung. Der Kronprinz war damit einverstanden.

Seine poetische Natur konnte alles Ernstes einen mittelalterlich ständischen Zustand für möglich halten, wie man ihn sich von der guten alten Zeit träumte: Herrendienst und Gottesdienst; auf das getreue Volk, namentlich auf dessen untere Schichten sollte wieder eine fromme Klostergeistlichkeit — aber die alten Orden und keine Hetzorden, wie die Jesuiten — ihren fromm beruhigenden Einfluß ausüben.

Ludwig trat in diese poetischen Phantasien des neuen romantischen antirevolutionären Staats ein, ohne freilich seinem Hellenismus und besonderen Liberalismus und seinen sonstigen Neigungen zu entsagen. Auf anscheinende Widersprüche kam es ihm nie an. Seit 1816 ließ er durch Leo von Klenze die Glyptothek im ionischen Stil erbauen, schwärmte für die Antike und sammelte eifrigst plastische Kunstwerke.

1817 ging er wieder nach Italien. Im Januar 1818 kam er nach Rom. Die Koryphäen der deutschen romantischen bildenden Kunst waren damals in Rom zusammen: Cornelius und Overbeck als die anerkannten Häupter. Die Fresken der Villa Bartholdi hatten die Augen der Kunstwelt auf das Wollen und Können dieses neuen Künstlergeschlechtes gelenkt.

Bildende Kunst und Wissenschaft und Poesie der Romantik unterstützten sich gegenseitig. Zufällig weilte auch Friedrich Rückert in Rom: eine Hünengestalt wandelte er im sogenannten deutschen Rock mit Haaren, langwallend, wie eine Löwenmähne, unter den erstaunten Römern und Fremden.

Ludwig trat in diesen Kreis ein. Auch die mittelalterliche Kunst eröffnete sich ihm seitdem.

Bei seinem Abschied gaben ihm die von seinem Kunstsinn und seiner Liebenswürdigkeit begeisterten Künstler das berühmte Fest, das in der deutschen Kunstgeschichte unvergeßlich bleibt.

Eine Begeisterung lohte empor, die noch in der späteren Schilderung ergreift.

Rückert dichtete damals jene Verse:

Wie sich diese Flamme nennet? Diese Flamme nenn' ich Kunst.
Unter Allem, was da brennet, kenn' ich keine höh're Brunst.
Denn es ist, wo aufgegangen rechter Art ist dieser Brand,
Alles drin mit einbefangen, Tugend, Gott und Vaterland.

Nicht nach politischem und kriegerischem Ruhm gierte Ludwig. Aber der Ehrgeiz hatte ihn erfaßt, gleich einem Julius II. und Leo X., sich durch die Pflege der Kunst Unsterblichkeit und ewiges Verdienst um sein engeres und weiteres Vaterland zu erwerben.

Hier fand er die Künstler, welche ihre, der Romantik ergebene Zeit als die neuen Rafael, Michelangelo und Genossen priesen.

Und sein Entschluß war gefaßt, mit ihnen Neues, Unerhörtes zu wagen und durchzuführen und sich zum König der Kunst zu machen. Und darin war sein Sinn echt und getreu und groß.

Am Morgen nach dem Fest erhielt Cornelius die Aufträge zu den Wandmalereien in der Glyptothek. Wen Ludwig von den dortigen Größen nach München ziehen konnte, hat er später berufen. Antike und Romantik waren ihm fortan in der Kunst gleichwerthig.

Er wollte damals nach Griechenland gehen*), mußte jedoch nach München zurückkehren und beschwor als Erster die neue Verfassung.

Er setzte sein gewohntes Leben fort, politisch als Liberaler ange= feindet und gepriesen, da er gegen die Karlsbader Beschlüsse eiferte und für die Freiheit Griechenlands schwärmte.

Mit dem Bau der Glyptothek und der Anordnung ihres Fresken= schmuckes war er in die volle Kunstthätigkeit eingetreten. 1825 starb Maximilian. Der Kunstkönig Ludwig bestieg den Thron.

Seine erste That war, daß er der bisherigen Verschwendung im Staatshaushalt ein Ende machte. Statt Deficits ergaben sich bald Ueberschüsse.

Aber wie dem Perikles vorgeworfen wurde, daß er die Macht Athens dadurch geschwächt habe, daß er für seine Bauten sich die Gelder des Bundesgenossenschatzes bewilligen ließ, so traf König Ludwig der Vorwurf, daß er wichtige Gebiete der Verwaltung und dadurch sein Land schädigte, um seine Kunstpläne in's Werk zu setzen.

Auf allen Gebieten mußten die Ausgaben beschränkt werden, da= mit Ueberschüsse sich ergaben, welche der König selbstherrlich für seine Zwecke verwandte. Kriegswesen, Straßenbau, Verwaltung u. s. w. hatten darunter zu leiden. Die idealen Bestrebungen traten voran.

>Ueber ihm auf Erden niemand steht.
>Seinen sehnend glühend festen Willen,
>Gutes zu bewirken, darf er stillen
>Und der Tod nicht seine Spur verweht —

so schildert er 1829 sein Königsgefühl. Hindernisse, rühmt er von sich, stählten noch mehr die Beharrlichkeit.

Zu Anfang wandte er auch der Wissenschaft seine besondere Für= sorge zu. Nach dem Vorbild von Berlin wurde die Universität von Landshut nach München verlegt. Die Stadt der Kunst sollte auch

---

*) Heigel a. a. O. S. 76.

die Metropole der deutschen Wissenschaft werden: Luden, Raumer, Tiek, Thibaut, Mittermaier, Oken, Görres und Schubert erhielten Berufungen, denen nur die drei Letztgenannten folgten; danach wurden Schelling und von Hormayr nach München gezogen.

Es glückte dem König aber mit den Gelehrten nicht so, wie mit den Künstlern und das mochte ihn abkühlen. 1830 wurde er dann gegen die Studenten verstimmt, was weitere Folgen hatte. Eine Hauptsache aber war, daß ihn das weniger interessirte, was wie die Wissenschaft selbständige Wege ging, und er nicht persönlich beeinflussen und leiten und in seinem brennenden Ehrgeiz an seinen Namen knüpfen konnte.

Dies konnte er vor Allem in der monumentalen Kunst. Und königlich trat er für diese ein.

Ja, er mochte sich wie ein Gott fühlen, als sein, selten in der Geschichte gesehenes Kunstschaffen begann, das im Für und Wider die Blicke der ganzen Welt nach München lenkte. Man staunte, spottete, höhnte, schalt Unsinn, was er begann. Er kümmerte sich nicht darum. Aber man bewunderte ihn auch, pries, vergötterte ihn. Und die Schaaren der Künstler, heiliger Begeisterung voll, eilten nach München: Skeptiker, Philister hier, begeisterte, aufstrebende Jünger neuer Tendenzen dort, der König darüber, der in der Kunst nie allein an sich, stets an's Allgemeine dachte, den bei all' seinem excentrischen Wesen künstlerisch die Ideale seiner Zeit, niemals persönliche, aus der Zeit herausfallende Phantasien und exclusive Neigungen leiteten. Sein und seinen Künstlern war der Sieg!

Es gilt hier nicht, König Ludwigs Kunstschaffung in's Einzelne zu verfolgen, noch die berühmten Meister derselben aufzuzählen.

Wie bekannt, kam nun in München die Stil-Manie zum Ausdruck auch in der bildenden Kunst.

Um nur Münchner Bauten zu nennen, so wurden die Glyptothek, die bayerische Ruhmeshalle, das Kunstausstellungsgebäude im ionischen, dorischen, korinthischen Stil erbaut. Die Propyläen in ihrem gemischten Stil kamen später hinzu. Römisch wurde das Siegesthor, altchristlich die Basilika von S. Bonifaz, byzantinisch-romanisch die Allerheiligen-Hofkirche, romanisch Ludwigskirche und Feldherrnhalle, gothisch die Auerkirche, normännisch-gothisch der Wittelsbacher Palast. Und nun die Bauten im Früh- und Hochrenaissancestil, die gewaltigen Neubauten und Ergänzungen der Residenz, die alte Pinakothek, das Odeon, Leuchtenberg- und Herzog Max-Palast und was in dem einen und andern Stil dazukam, wie Bibliothek, Universität, protestantische Kirche u. s. w.

Als Ludwig übrigens sein neues München auslegte und verschiedenen Neubauten ihre Stellen im damaligen freien Felde anwies, spottete man über das närrische Beginnen und thörichte Hoffen auf solche Stadtvergrößerung. Jetzt liegen Glyptothek und Pinakotheken in der Stadt.

Doch es gilt erst, sich mit Ludwigs Stil-Manie abzufinden, die ihm von der späteren Kritik so sehr zum Vorwurf gemacht worden ist.

Gewiß: die Werke dieser Kunstgeschichts-Aera haben nicht solchen Werth, wie Schöpfungen eines großen, eigenartigen und nationalen Stils.

Diese Kunst ist die einer historisch suchenden Periode. Aber es ist ein falsches Bild, wenn man sie eine Treibhauskunst nennt. Unsere deutsche Kunst zeigt dasselbe Bild, wie unsre Wälder und Gärten und Felder. Ludwig hat nicht versucht, tropische Pflanzen in's Freie zu pflanzen. Er knüpfte an Stilformen an, die sich alle schon für Deutschland im Mittelalter und in der Renaissance wirksam erwiesen hatten und von denen man neues Leben und Veredelung erwartete.

Das Schaffen in verschiedenen Stilen entsprang nicht seiner Marotte, sondern war, wie schon gesagt, ein Ergebniß des damaligen deutschen Geistes und seiner Bedürfnisse. Man lechzte auch in der bildenden Kunst aus der Enge und Beschränktheit und Einseitigkeit des Barock- und Zopfstils herauszukommen und stürzte sich in die Mannigfaltigkeit aller Stile und natürlich — zerfloß darüber auch oft.

Die Kunst-Aera Ludwigs zeigt eben nichts anders als unsere sogenannte Weltliteratur. Es ist der Herder'sche Geist, der auch in der bildenden Kunst und ihren Künstlern in Deutschland herrscht. Von Goethe, Stolberg, Schiller durch die Romantiker zu Uhland, Rückert, Platen, von griechischen und altgermanischen Alliterationsformen durch alle mittelalterlichen Formen bis zu arabischen, persischen, indischen Gedichten — die Neuzeit dazu: das ist das Bild, das uns die Dichtung weist und das uns die Baukunst, Bildnerei und Malerei unter König Ludwig erklärt.

Die Verbindung von Antike und Romantik oder christlicher Kunst war damals bei den bildenden Künstlern deutscher Richtung fast so allgemein, wie bei den Dichtern. Die Namen Schinkel, Dannecker, Thorwaldsen mögen genügen. Selbst ein Cornelius malte Bilder der Antike. Nur die ganz Heiligen beschränkten sich auf christliche Vorwürfe.

Man empfand damals die Mannigfaltigkeit, in welcher Kunst und Künstler sich den verschiedenen Kunstepochen zugewandt hatten und aus ihnen wieder heraus schufen, als Fülle und Segen. Und Ludwig ertheilte den Künstlern, wie sie sich selbst den verschiedenen Stilen geweiht hatten und darin das neue Leben der Kunst erblickten, seine Aufträge.

So ließ er die Klenze, Gärtner, Ziebland, Ohlmüller u. s. w. bauen, ließ er durch Hübsch u. A. restauriren. So schätzte er die Werke von Canova, Thorwaldsen, Schadow, Rauch, Wagner, Eberhard, Schwanthaler und dessen Schülern und ließ sie für sich bildnern. So ließ er die Cornelius, Heß, Schnorr, Kaulbach, Schwind, Schraudolph, Rottmann u. s. w., u. s. w. Fresken malen und war der Förderer der Gesammtmalerei, wie sie nun in München erblühte und ein Charakteristikum für München durch das Heer ihrer begeisterten, lebensfrohen Jünger wurde. Für die Münchner Malerei wurde Peter Cornelius' Feuergeist und willensmächtige Idealität bestimmend. Licht und Schatten war da beisammen. Die Meister der neuen römisch-deutschen und romantischen Schule fühlten sich als die Apostel eines neuen Kunstevangeliums und vom heiligen Geiste inspirirt, aber wenn sie in fremden Zungen redeten, so war damit freilich ihre künstlerische Sprache noch nicht immer nach Syntax und Grammatik richtig; der heilige Feuereifer konnte Mängel und Fehler übersehen lassen, aber die gründliche Schulung nie ganz ersetzen. Aber Alle beseelte die Ueberzeugung, die Träger der höchsten Ideen der Kunst zu sein.

Wenn die große deutsche Dichtung damals mit Goethe ihr Ende nahm, so fand man in der großen bildenden Kunst dafür den Ersatz und stellte sie so hoch wie die Dichtung und gleichbedeutend in der Wirkung ihrer Werke.

Was empfand man damals, was erhoffte man für die Volksbildung von den Bauten und plastischen Monumenten, von den Fresken, mit denen Arkaden, Kunstpaläste und Kirchen geschmückt wurden!

Und haben etwa diese Werke nicht auf das deutsche Volk gewirkt, wenn auch nicht so, wie man erträumte? Ist das deutsche Volk durch die Münchner Kunst nicht gefördert worden?

Man versetze sich in die vorher herrschenden Zustände betreffs der Geister und der bildenden Kunst. Wie nun auch andre alte und neue Centren des Kunstlebens im Wetteifer mit München wirkten, bedarf hier nur der Erwähnung. In Norddeutschland übernahm Düsseldorf die Führung als Vorort der Romantik.

König Ludwig schwelgte im Schaffen, rastlos thätig von früh bis spät.

>Wie genußreich! immerfort geschäftig,
>Fördernd, leitend, immerfort bewegt,
>Und in Wort und That gleich wirksam kräftig,
>Unaufhörlich mannigfach erregt.
>
>Endlos heitren Sinnes, niemals träge,
>Die Erfüllung der Berufespflicht
>Wechselnd mit der Künste freud'gen Pflege,
>Ewig neu erwärmet durch ihr Licht...

Er beschränkte sich nicht auf das Vorhandene; er rief vergessene und verlernte Künste neu hervor: es sei nur an die gleichsam neu entdeckte Glasmalerei, an die Bemühungen für Enkaustik und an die Münchner Erzgießerei erinnert. Er war es, der Stiglmayer und Miller in Italien und Paris die Gießkunst lernen ließ. In wenigen Decennien hatte München die Werkstätten Italiens und Frankreichs überflügelt und Weltruf gewonnen.

Der König genoß in den ersten Jahren seiner Regierung das reine Glück, den Lohn und Ruhm seines Wirkens wie wenig Sterbliche. Alles glückte: eine neudeutsche Kunst erstand. München ging voran.

Auch dem festesten Kopfe könnte schwindlig werden bei solchem Erfolg in der Glorificirung des enthusiastischen Künstlerthums und bei dem königlichen Selbstbewußtsein, das durch die religiös-mystische Romantik und den damaligen Reactionsfanatismus bis zum Uebermaß gesteigert ward. Persönlich so rein menschlich und einfach, brachte ihn die Königshoheit, wie er sie auffaßte, in wiederholte Conflicte mit den realistischen, unzufriedenen Mächten der Zeit.

Ludwig spann sich in seine Ideale ein und verlangte, daß in „seinem Bayern" Alles sich auch politisch-social nach seinem Kopfe bewege, namentlich vertrug er keinen Liberalismus, der über einen akademischen, beziehungsweise romantischen hinausging und gar seinen königlichen Willen beschränkte. Was aber nach Revolution aussah, das traf sein voller Haß und Zorn. Und sein poetischer Liberalismus zeigte hier eine seltsame Kehrseite von Härte, auch Ungerechtigkeit und Egoismus.

Seit 1815 war sein Enthusiasmus für Deutschland durch dessen Befreiung gegenstandsloser geworden. In den Jahren, welche folgten, ließ sich aus den deutschen Zuständen wenig Begeisterung schöpfen. Er, der sich stets für eine Idee erhitzen mußte, erhitzte sich nun, neben seinem Kunstbestreben, für die Befreiung der Griechen vom türkischen Joche. Wie sehr er dadurch gegen die Politik der heiligen Allianz verstieß, kümmerte ihn nicht als Thronfolger; auch als König blieb er sich darin getreu.

Das Danaergeschenk der griechischen Krone ward dafür bekanntlich seinem Sohn Otto. Als man noch im Jubel solchen Erfolges und Ruhmes lebte und das schlimme Ende nicht absah, erhob man König Ludwig dafür zu den Sternen. Das Schicksal wollte danach, daß die zum Andenken an die griechische Befreiung und König Otto's Thronbesteigung erbauten Propyläen gerade fertig wurden, als die Griechen ihren König vertrieben.

Wohl blieb Ludwig seinem deutschen Sinne getreu. Doch zog er nun, besonders als König, seinen Enthusiasmus mehr zusammen und concentrirte ihn auf sein Reich. Wie er eben war, barock in seiner Ausdrucksweise, und eher originalitätssüchtig, als daß er sich um die Kritik Anderer gekümmert hätte, vermied er dabei in Worten und Werken nicht immer das lächerliche Uebermaß. Gerade hier trug er sich, so nüchtern er in andern Beziehungen war, mit seinen königlichen Illusionen; eine wahre Bayro=Manie schlug nun vor.

Die Politik hatte übrigens dabei ihren großen Antheil und wer will ihre Erfolge im Ganzen leugnen?

Man bedenke, wie damals das neue Königreich Bayern durch Napoleons Gnaden und dann durch den Congreß zusammengestückelt war. Man vergleiche die Erfolge Ludwigs, das neue Reich zusammenzuschweißen und mit einheitlichem bayerischen Patriotismus zu erfüllen mit den Erfolgen Preußens betreffs der neu hinzugekommenen Gebiete. Man wird nicht sagen können, daß Ludwigs Bestreben ein erfolgloses war, wie eigene Wege er auch dabei wandelte.

Schlimm freilich war es und führte zu Absonderlichkeiten, daß Ludwig für den specifischen bayerischen Patriotismus nicht an größere oder erfreulichere Thaten in der bayerischen Geschichte, nicht an berühmtere Männer anknüpfen konnte. Die bayerische Ruhmeshalle, die beiden Feldherren in der Feldherrnhalle, die barocke Glorificirung des in Rußland vernichteten bayerischen Heeres auf dem ehernen Obelisken brauchen nur dafür erwähnt zu werden.

Was hätte Ludwig darum gegeben, wenn er Heldenthaten, wie Preußen, zu verewigen gehabt, wenn er statt eines Wrede einen Scharnhorst, den eisernen York, Bülow von Dennewitz, Gneisenau, Blücher sein genannt hätte!

Vage und absonderlich mußte deshalb für das Volksbewußtsein dieser specifische bayerische Patriotismus in der Kunstverherrlichung ausfallen, wie auch der abstract idealistisch-deutsche in der Walhalla und der Befreiungshalle. Ganz ging aber auch sein Cultus nicht verloren für die, für welche er bestimmt war.

Das eigenthümlichste Werk aus diesem Geist heraus wurde die Kolossalstatue der Bavaria, welche Ludwig als ein neues Weltwunder dem Koloß von Rhodos zum Gegenstück errichten ließ, damit sie seine zum Volksfest auf der Theresienwiese jährlich zusammenströmenden Bayern mahne und erhebe. Den beim ersten Guß, der mißlang, verzagenden Künstler mahnte der König an Lysippus und den Koloß von Rhodos. An die alexandrinische Zeit gemahnt es uns auch, wenn wir hören, daß Konrad Eberhard vorschlug, die seltsame Felskuppe des Ettaler Mandl's zu einer Patrona Bavariae umzugestalten. Jedenfalls freilich einfacher als der Umgestaltungsplan des Berges Athos, wenn man nicht für diesen eine ähnliche Vereinfachung anzunehmen hat...

Bis 1830, wo die Julirevolution ihre düsteren Schatten warf und Ludwig sich bald durch studentischen Tumult zu sehr unconstitutionellem, autokratischem Eingriff hinreißen ließ, war die hochgemuthe, alles mögliche Glück auch in liberaler Beziehung versprechende sonnige Frühlingszeit. Die Ehre, der Ruhm und das Glück Bayerns in der griechischen Angelegenheit beschäftigte und erhöhte nun zwar den Geist und Muth des Königs, aber die reactionären Nachwirkungen blieben für den Mann nicht aus, der in Frankreich und nun auch in Deutschland das Schreckbild der Revolution sich wieder erheben sah, die er in seiner Kinderzeit durchlebt hatte und die man durch Despotismus im Stil Napoleons und der heiligen Allianz und durch die ästhetische Erziehung (im Sinne Schillers) und durch die kirchliche, romantische Reaction unterdrücken zu können gewähnt hatte.

Es gilt hier nicht die Politik Ludwigs in Bayern darzulegen. Die schlimme damalige Zeit in Deutschland spiegelt sich darin wieder. Wie die Welle der modernen Aufklärung und Bestrebungen nach ihrem Ueberschlagen in der Revolution abgerollt war, so schwoll sie jetzt in den Geistern wieder an. Und abermals ward die Brandung, wie Reaction und neuer Geist auf einander stieß, gewaltig. Aber die neuen Geister waren jetzt nicht auf Seite des classischen Idealismus und der Romantik. Ludwig war schon zu abgeschlossen in seinem Wesen, zu erfüllt von seinen Ideen und Werken, auch von seiner Selbstverherrlichung und seiner Unerschütterlichkeit, als daß er selbst den berechtigtsten

Anforderungen des neuen Geistes noch hätte gerecht werden können. Er trieb nun immer mehr in die Zurückdämmungspolitik hinein. Obendrein schmeichelte es seinem Stolze und Bayern erhielt eine neue Bedeutung, wie ihn die ultramontane oder specifisch katholische Partei gegen Preußen vorschob. Romantik und Reaction hatten ja nun den kirchlichen Fanatismus und die päpstliche Herrschsucht wieder großgezogen, welche durch die Reformation beschränkt und durch die Aufklärung mit solchem Erfolg gedämpft war, daß der Voltairianismus sie für überwunden gewähnt hatte. Jetzt begann der Neukatholicismus dieses Stils seinen Kampf gegen den philisterhaften Beamtenstaat Preußen, wie ihn die Romantik nannte und haßte: der Anfang von den Kämpfen, in denen wir noch heute stehen und in denen wir dem Enkel Ludwigs so großen Dank schuldig sind.

Die frühere Ludwigsglorie bekam nun bei den deutschen Liberalen ein mehr verdüstertes Ansehen; seit dem Ministerium Abel (1837) begann in Bayern die volle, crasse Reaction.

Der Höhepunkt der Ludwigschen Aera war damit überschritten.

Im Staatsleben, wie in der Kunst erfolgte ein Bruch, der sich immer mehr erweiterte.

In der Kunst schienen freilich die nächsten Jahre Aufschwung, Fortschritt zu bringen.

Die erste Münchner Periode hatte nach den maßgebenden Ideen Peter Cornelius, der Dürer-Michelangeleske Ideenheros verkörpert.

Ludwig hatte Cornelius, trotzdem er vor Canova die Kunst empfunden und für die Antike glühte, bewundert und in seiner Größe geehrt. Er hatte ihn zum Fürsten seiner Malerschule gemacht und in seiner Freundschaft z. B. übersehen, wie wenig Cornelius' Stil zu den Darstellungen aus der Antike in der Glyptothek Angesichts der griechischen Plastik paßte.

Aber er war seinen früheren Idealen stets treu geblieben, hatte sich Cornelius nie untergeordnet und auch in der Malerei Blick und Freude für sinnliche Schönheit, Anmuth, Colorit und alles, was der Corneliusschen Schule abging, behalten.

Ein großer Theil der Maler vergaß jedoch über den mächtigen Meister Cornelius, daß der König das Haupt sein wollte und schwor noch höher auf jenen, als auf diesen. Darin war Ludwig empfindlich.

Und mittlerweile hatte sich von Frankreich her der Ruf erhoben, daß ein Maler müsse malen können. Die Düsseldorfer gingen schon eigene Wege betreffs des Colorits.

Malen konnte Cornelius nicht. Und Künstlerzwietracht unter Ludwigs Gewaltigen der Malerei und der Architektur wirkte des Weiteren ein. Genug: auch Ludwig fand das Colorit von Cornelius' Jüngstem Gericht in der Ludwigskirche hart und unerquicklich braun.

Statt der Anerkennung, das größte Werk der Zeit, ein größtes Werk aller Zeiten geschaffen zu haben, fand der Meister Unzufriedenheit und Tadel. Mißstimmung, die immer tiefer griff, war die Folge. 1841 folgte Cornelius dem Rufe Friedrich Wilhelms IV. nach Berlin. Ludwig glaubte in Kaulbach vollen Ersatz gefunden zu haben. An die Stelle des großen innerlichen, religiös-patriotischen Ideenmalers trat der hochbegabte, aber im neueren Stil historisch-philosophische, skeptische, sarkastische, auch sinnliche, später leider auch zu oft äußerliche Meister und Ideenmaler, der Abtrünnige und Lucifer, wie ihn die ältere fromme Schule nannte. Kaulbach empfahl damals seine „Farbe". Er könne malen. Man glaubte in München durch ihn aus der Stagnation betreffs des Colorits herauszukommen und die Münchner Schule somit auf eine noch höhere Stufe gehoben.

Freilich, was man anderswo seit Delacroix und seinem Bilde Dante und Virgil (1822) unter Colorit verstand, das lernte man erst in München verstehen, als Gallait's und de Biefve's Gemälde auf der Rundreise durch Deutschland daselbst ausgestellt wurden.

Da war die volle neue Zeit. Seitdem begann der Abfall von der Kunst der Ludwigschen Aera, erst langsam, zögernd, dann nach 10 Jahren, nach dem Sieg der französischen Ideen durch die Revolution von 1848 allgewaltig.

Aber die Größen der Ludwigschen Epoche deshalb in den Staub ziehen, die einst von ihrer Zeit in den Himmel gehoben wurden, ist zum mindesten gesagt, sehr historisch=unkritisch. Die Nachzeit wird gerechter richten.

Mit Cornelius' Weggang war doch der alte Geist fort. Wenn Ludwig, ähnlich wie Pompejus, gewähnt hat, neue Kunst, neue Führer aus dem Boden stampfen zu können, so erfüllte sich das nicht.

Cornelius befeuerte, Kaulbach zersetzte die Schule.

Anscheinend stand Alles wohl. Die großen Werke waren zum Theil noch in Arbeit; neue wurden begonnen...

Der Heinesche Spott erklang und der neue feindliche Geist schwoll an gegen die älteren Ideale. Aber Ludwig erschien durchaus auf der Höhe seiner künstlerischen und bayerischen Königsherrschaft, die er sehr persönlich ausübte.

Da, in tückischer, tragikomischer Aefferei, möchte man sagen, stellte das Schicksal dem König in Gestalt einer abenteuernden Tänzerin ein Bein und brachte ihn zum Sturz.

Nie bisher hatte er sich durch seine Liebesaffairen als König beirren oder beeinflussen lassen.

Und jetzt kam diese Lola Montez. Der alte Arbinghellogeist erwachte in dem älteren Mann. Seine Excentricität, sein Eigensinn, seine Verblendung rissen ihn über alle Grenzen.

„Ich der König" war gewohnt, sich an Nichts zu kehren. Seine Minister betrachtete er als seine Werkzeuge. Selbst die Kirche hatte sich ihm, dem Hort des Ultramontanismus seit dem Abelschen Regiment zu bequemen. Aber Anstand, Vernunft und Ehre geboten, dem in seiner Leidenschaft unsagbar naiven Könige sich zu widersetzen. Er empörte sich darüber, wie über jeden Widerspruch und steifte sich nun erst recht auf seinen königlichen Willen. Er entließ das seinen Wünschen betreffs der Tänzerin unfügsame Ministerium und gab selbst die Parole: Lola gegen Loyola. Doch das Ballettkleid einer Lola gab kein Banner für den Liberalismus. Aus der Farce wurde eine Revolte. Und darüber brach die Februarrevolution von 1848 aus. Der König war beleidigt, über den Undank seiner Münchner, seiner Bayern, die es wagten, ihm zu trotzen. Hinter der Revolte drohte die Revolution. München empörte sich. In der Residenz war der Stand der Dinge nicht mehr zu übersehen. Ein augenblickliches Gefühl der Ohnmacht und der Unmöglichkeit, sich mit Würde aus der Lage, in die er sich so blind verrannt hatte, herauszuziehen, kam hinzu — und am 20. März 1848 legte Ludwig I. die Krone nieder.

Es ist für ihn bezeichnend — nicht blos, daß er dabei für seine Kunstschöpfungen sorgte, sondern daß er am Tage nach der Abdankung das Geld für den Bruch des Marmors zu den neu zu errichtenden Propyläen anwies.

Die königliche Ludwigs-Aera war vorbei.

Sein Sohn und Nachfolger steckte sich andere Ziele und begünstigte, was der Vater vernachlässigt oder principiell fern gehalten hatte. Es that ein neues Regiment in dieser Beziehung noth. Doch entzieht sich das unserer Aufgabe.

Auch die Kunst der Ludwigschen Zeit hatte sich ausgelebt oder lebte sich nun aus. Die neuere Zeit kam: die Pilotyschule in der Münchner Malerei, der „neue Stil" in der Baukunst u. s. w.

Noch bei seinen Lebzeiten mußte Ludwig Männer in Würden

und Lehrämtern sehen, welche seine architektonischen Anlagen für das Muster öder, langweiliger Größe oder Pracht erklärten. Erspart blieb ihm in dieser Hinsicht keine Kränkung des Alters in einer Neuem entgegenringenden Zeit.

Er hat das philosophisch hingenommen; beirren hat er sich dadurch nicht lassen. Er vollendete, was er begonnen; er zog sich nicht verbittert zurück, sondern wirkte, ganz in alter Weise und auch äußerer Originalität weiter. Die Begeisterung für die Kunst war in ihm so echt, wie nur je in einem Menschen.

Im Herbst 1867 ging er über Paris, wo er eifrig die Ausstellung besuchte, nach Nizza. Erschöpft langte er hier an, konnte sich nicht erholen, kränkelte und starb in Nizza den 29. Febr. 1868: auf neufranzösischer Erde, wie er auf neufranzösischer geboren war.

Wenn er den Wiedergewinn des Elsasses und damit die Erfüllung seines Wunsches, seine Geburtsstadt wieder deutsch zu sehen, erlebt hätte!

Ludwigs Kunstsinn war fürstlich, groß, monumental, ideal. Die Zeit brachte es mit sich, daß bei manchen Künstlern, die er verwendete, die technische Schulung und das historische Wissen nicht ganz den Ideen entsprach und einige darunter mehr nachempfindend als original schufen. Aber auch ihre Kunst war nicht von Ludwig großgezogen, sondern aus den Geistesströmungen des deutschen Volkes hervorgewachsen. Ludwig selbst hat ein Paar Künstler vernachlässigt, welche seinen besten Paladinen an die Seite zu setzen waren, aber nie hat er Unwürdige begünstigt.

Die jetzige Kunst ist eine andere geworden: in nothwendiger Entwicklung. Denn die Zeit kann nicht stehen bleiben.

Doch die Aera König Ludwigs wird unvergessen bleiben in ihrem Neuen, Großen und Guten. Licht und Schatten theilt sie mit allen deutschen Errungenschaften seiner Zeit. Auch die Befreiung Deutschlands geschah 1813 nicht allein aus eigner Kraft, sondern mit fremder Hülfe.

Unvergänglichen Ruhm aber dem königlichen Kunstförderer, der uns lehrt, wie mit festem Willen, Einsetzen des ganzen Wesens, hohen Zielen und unerschütterlichem Beharren ein einziger Mann vermag, seine Zeit zu bewegen und sein Volk zu heben und zu erhöhen!

Ueber die physikalischen Axiome.[*]

Von

Wilhelm Wundt.

Zwanzig Jahre sind in der Entwicklung der Wissenschaft heutzutage ein langer Zeitraum; sie sind es nicht zum wenigsten da, wo es sich, wie bei dem obigen Thema, um Fragen handelt, die auf dem Grenzgebiet der exacten Naturwissenschaft und der Philosophie liegen. Als dieser Vortrag gehalten wurde, waren die Mathematiker und Physiker im Allgemeinen wenig geneigt, der Begründung der letzten Voraussetzungen, deren sich die physikalische Theorie bedient, eine sonderliche Beachtung zu schenken. Dem allzu eifrigen Streben, Alles als begrifflich nothwendig erklären zu wollen, war eine skeptische Stimmung gefolgt: man begnügte sich in der Regel, diejenigen Sätze, welche eine frühere Zeit als Axiome und Postulate bezeichnet hatte, als Hypothesen anzusehen, die sich hinreichend durch ihre Brauchbarkeit legitimirten, einer weiteren Empfehlung und Begründung aber auch gar nicht bedürften. Heute ist das wesentlich anders geworden. Man ist vielleicht nicht weniger skeptisch als ehemals, aber der Zweifel richtet sich nicht sowohl gegen die Möglichkeit überhaupt, für die physikalische Naturerklärung allgemeingültige Voraussetzungen zu finden, als gegen bestimmte bisher als gültig angenommene Sätze; und im Zusammenhange damit ist man in neuester Zeit gerade von physikalischer Seite zum Theil eifrig bemüht gewesen, das logische Fundament gewisser bisher

---

[*] Vortrag gehalten in der 97. Sitzung des historisch-philosophischen Vereins zu Heidelberg am 18. December 1865. Umgearbeitet im April 1886.

ohne weitere Prüfung angenommener Sätze, wie des Galileischen Beharrungsgesetzes, zu untersuchen.

Daß unter diesen Umständen ein vor zwanzig Jahren gehaltener Vortrag heute veraltet ist, versteht sich von selbst. Aber eben deßhalb lohnt es sich vielleicht, bei dem Sonst und Heute für einen Augenblick vergleichend zu verweilen und die Richtung ins Auge zu fassen, in der bis jetzt jene Untersuchungen sich entwickelt haben, sowie diejenige, in welcher sie sich möglicherweise in der Zukunft bewegen dürften.

In dem früheren Vortrage glaubte ich die allgemeinen Voraussetzungen der Physik in folgende sechs Axiome fassen zu dürfen:

1. Alle Ursachen in der Natur sind Bewegungsursachen.
2. Jede Bewegungsursache liegt außerhalb des Bewegten.
3. Alle Bewegungsursachen wirken in der Richtung der geraden Verbindungslinie ihres Ausgangs- und Angriffspunktes.
4. Die Wirkung jeder Ursache verharrt.
5. Jeder Wirkung entspricht eine ihr gleiche Gegenwirkung.
6. Jede Wirkung ist äquivalent ihrer Ursache.

Sicherlich ließ sich schon damals, als diese Axiome aufgestellt wurden, Manches gegen sie einwenden. Vor Allem waren in ihnen dreierlei Voraussetzungen mit einander vermengt, welche der Sonderung beburften. Zunächst mußten die physikalischen von den mechanischen, und dann unter diesen wieder die dynamischen von den rein phoronomischen Axiomen geschieden werden. Als physikalische Axiome, d. h. als solche, bei denen zu den allgemeingültigen mechanischen Voraussetzungen noch andere über die specifische Beschaffenheit der Naturkräfte und ihres Substrates hinzutreten, werden zweifellos das erste und sechste zu betrachten sein. Als dynamische oder als solche, bei denen neben den allgemeinen Bedingungen der Bewegungsvorstellung noch bestimmte in dem Kraftbegriff gelegene Bedingungen in Rücksicht kommen, könnten das vierte und fünfte gelten. Endlich als phoronomische Axiome oder als Voraussetzungen, die mit den allgemeinen Eigenschaften der Bewegung unmittelbar zusammenhängen, sind wohl das zweite und dritte anzusehen. In der Reihenfolge ihrer Allgemeinheit geordnet würden dann offenbar die phoronomischen Sätze voranzustellen sein und ihnen zunächst die dynamischen, diesen die im engeren Sinne physikalischen folgen müssen.

Unter diesem Gesichtspunkte betrachtet dürften sich nun aber leicht noch andere Mängel der hier aufgestellten Tafel ergeben. Es würde z. B. schwerlich mehr angehen, das Princip der Zusammensetzung der Kräfte einfach dem Axiom von dem Verharren der Wirkung, als den Specialfall, wo bei simultaner Wirkung der Kräfte jede ihren Bewegungseffect behält, unterzuordnen. Vielmehr müßte schon unter den phoronomischen Axiomen ein Princip der Zusammensetzung der Bewegungen seine Stelle finden. In der That besteht die gewöhnliche Formulirung, in welcher dieses Princip der Zusammensetzung gegeben wird, der Satz vom Kräfteparallelogramm, aus zwei wesentlich verschiedenen Bestandtheilen, einem phoronomischen und einem dynamischen, von denen der erste ein selbständiges Axiom bildet, während der zweite dem Beharrungsgesetze subsummirt werden kann.

Ein weiterer Mangel besteht endlich in der allzu abstracten begrifflichen Fassung der Sätze. Diese bedingt es, daß jedes Axiom nur gewissermaßen die Richtung angibt, in welcher die allgemeinen physikalischen Voraussetzungen liegen, daß aber diese Voraussetzungen selbst in Bezug auf ihre einzelnen physikalischen Elemente nicht zureichend entwickelt sind. Wenn z. B. das zweite Axiom sagt, daß jede Bewegungsursache außerhalb des Bewegten gelegen sei, so ist darin zwar ein wichtiger logischer Gesichtspunkt angedeutet, der die Anschauungsweise der neueren von derjenigen der aristotelisch-scholastischen Physik scheidet; aber diese logische Maxime läßt uns völlig rathlos darüber, wie im einzelnen Fall die äußeren Ursachen zu finden sind, von denen eine gegebene Bewegung abhängt. Oder wenn das dritte Axiom sagt, daß alle Bewegungsursachen in der Richtung der geraden Verbindungslinie ihres Ausgangs- und Angriffspunktes wirksam seien, so bleibt auch diese Regel so lange unbestimmt, als die Kriterien, an denen die geradlinige Richtung der Bewegung zu erkennen ist, nicht näher angegeben werden.

Bis zu einem gewissen Grade ist nun allerdings theils in den Erläuterungen, die den einzelnen Axiomen beigegeben wurden, theils in dem Versuch einer Deduction derselben diese Lücke ergänzt. Da es sich um eine Deduction im gewöhnlichen Sinne bei axiomatischen Sätzen nicht handeln kann, so bestand übrigens jene lediglich in dem Versuch, über den Grund der den Axiomen zugeschriebenen Evidenz Rechenschaft abzulegen. So ist bei dem Axiom von der geradlinigen Richtung der Kräftewirkungen darauf hingewiesen worden, daß die einfachsten anschaulichen Bedingungen für dasselbe dann gegeben seien, wenn zwei von einander entfernte physische Punkte als die Träger der bewegenden Kräfte vorausgesetzt werden. Es sei dann nach der Regel der Elimination unwesentlicher Bedingungen die Betrachtung lediglich auf die zwei Punkte selbst und die zwischen ihnen durch die verbindende Gerade gegebene

Relation zu beschränken. So bleibe hier als einziges Bezugsobject für jeden einzelnen Punkt der **andere** Punkt, und die einzige zwischen ihnen mögliche Bewegung sei die Vergrößerung oder Verkleinerung ihrer geradlinigen Entfernung.

In ähnlicher Weise suchte der frühere Vortrag auch die übrigen Axiome auf ihre anschaulichen Grundlagen zurückzuführen und so jene Evidenz zu erklären, welche sich, wenn auch keineswegs in gleichem Grade, doch im Allgemeinen in ähnlichem Sinne wie bei den geometrischen Axiomen darin geltend macht, daß man geneigt ist sie als Sätze anzusehen, die für unser Erkennen einen unwiderstehlichen Zwang zu ihrer Annahme mit sich führen. Ich habe nun allerdings gezeigt, daß dieses Gefühl des Zwangs keine für sich allein zureichende Legitimation für die Gültigkeit solcher Sätze ist, wie dies auch die auffallende Thatsache beweist, daß eine ältere Entwicklung der Physik Sätze, die dem Inhalt unserer Axiome direct entgegengesetzt sind, als völlig evident angenommen hat. So stellt z. B. die aristotelisch-scholastische Physik dem Beharrungsgesetz ein Axiom des Verschwindens der Wirkung mit der Ursache, dem Satz, daß die Bewegungsursache außerhalb des Bewegten ihren Sitz hat, ein Axiom der räumlichen Coincidenz beider gegenüber u. s. w. Der Antinomienstreit, in welchen sich auf diese Weise die Physik in den Anschauungen verschiedener Zeitalter mit sich selber verwickelt, mahnt uns aber offenbar zur Vorsicht gegenüber den Ansprüchen, die irgendwelche Postulate auf eine aller Einzelerfahrung vorausgehende Geltung erheben können. Die wissenschaftliche Kritik wird solche Ansprüche von vornherein zurückweisen, wenn sie nicht im Stande sind gleichzeitig ihre empirische Gültigkeit oder Brauchbarkeit darzuthun.

Doch dieser im Lauf der geschichtlichen Entwicklung der Physik und darum allerdings mehr in der Form der Aufeinanderfolge als in der des Conflicts neben einander bestehender Meinungen aufgetretene Widerstreit entgegengesetzter axiomatischer Voraussetzungen bietet noch eine weitere bemerkenswerthe Seite insofern dar, als es sich bei ihm im Allgemeinen um einen Gegensatz von Naturauffassungen handelt, auf deren Richtigkeit der Sieg der zur Herrschaft gelangten Postulate eine Art empirischer Probe bildet. Die neuere Auffassung steht durchgängig unter der Voraussetzung der **anschaulichen Evidenz**. Die ältere Lehre bevorzugt statt dessen das Postulat der **begrifflichen Evidenz**. Wenn unsere heutigen Axiome aus dem Kampf mit jenen widerstreitenden Formulirungen als Sieger hervorgegangen sind, so hat also dies vor Allem zugleich die Bedeutung, daß die Forderung einer durchgängig anschaulichen Gestaltung der Grundvoraussetzungen über alle entgegengesetzten, insbesondere dialektischen Bestrebungen den Sieg davongetragen hat.

Daß nun auf physikalischem Gebiete ein solcher Streit entstehen und in einzelnen Nachklängen wenigstens bis in neuere Zeiten fortdauern konnte, dies weist uns zugleich auf eine wesentliche Verschiedenheit derjenigen „Evidenz", um die es sich hier handelt, und der mathematischen Evidenz hin, wo ein ähnlicher Widerstreit gegen die einfachen anschaulichen Grundlagen der Arithmetik und Geometrie offenbar nicht oder doch höchstens in Bezug auf solche Sätze existirt, deren axiomatische Natur ohnehin begründeten Zweifeln begegnet. In der That zeigt es sich bald, daß jene Evidenz physikalischer Axiome nur unter bestimmten Voraussetzungen zutrifft, zu deren Annahme ein unbedingt nothwendiger Zwang nicht besteht. Um diese Voraussetzungen zu finden, bedarf es eines eigenthümlichen Abstractionsverfahrens, das als einen wesentlichen Bestandtheil jenen Eliminationsproceß enthält, den ich in meinem Vortrage als „Abstraction von dem Zuschauer" bezeichnet habe. Zur Verdeutlichung dieser Abstraction mag hier die Deduction des dritten Axioms in der früher gegebenen Form angeführt werden:

„Das Axiom setzt als Bedingung seiner Vorstellbarkeit schlechterdings nur zwei Punkte im Raum voraus, von denen der eine auf den andern eine Kraft ausübt. Nun müssen wir, jener Regel der Abstraction folgend, alle andern Vorstellungen aus unserm Bewußtsein entfernen. Wir dürfen uns also weder andere Punkte im Raum noch einen Zuschauer vorstellen, der die zwei Punkte beobachtet; d. h. es existirt für uns überhaupt kein räumliches Verhältniß mehr außer dem Lageverhältniß der zwei Punkte zu einander. Dieses Lageverhältniß ist aber ausschließlich bestimmt durch die Gerade, welche die beiden Punkte verbindet. Wenn demnach der eine Punkt bewegend auf den andern einwirkt, so kann er nur die Länge jener verbindenden Geraden verändern. Hieraus folgt der Satz: Jede Bewegungsursache, die von einem bestimmten Punkt ausgeht und auf einen bestimmten andern Punkt wirkt, kann nur in der Richtung der Geraden wirken, die diese beiden Punkte mit einander verbindet."

Die in dieser und den andern verwandten Deductionen angewandte Abstraction von andern Raumtheilen, insbesondere aber auch von dem Zuschauer, zu dessen Raumanschauung doch die beiden in Wechselwirkung stehenden Punkte gehören, kann selbstverständlich bestritten werden. Man kann namentlich dagegen einwenden, daß, sobald der Zuschauer hinwegfalle, auch von räumlichen Verhältnissen der Dinge, welche eben nur in Bezug auf einen Zuschauer möglich seien, nicht mehr die Rede sein könne. Dem läßt sich hinwiederum entgegenhalten, daß es sich hier in Wahrheit doch um gar keine andere Abstraction handle, als wie sie überall von der Naturwissenschaft gefordert werde. In der That beruht alle Verbindung der Erscheinungen der Außenwelt nach dem Causalgesetz darauf, daß wir den Zuschauer, uns selber und die Einflüsse, die unsere Subjectivität auf die Dinge ausübt, so zu sagen als nicht vorhanden betrachten oder, wo sich deutliche Anzeichen ihres Einflusses verrathen, diesen Einfluß zu beseitigen suchen. Dadurch werden die subjectiven Elemente unserer Naturerkenntniß schließlich auf rein formale Bedingungen eingeschränkt, wie das Causalgesetz selber eine solche ist. Zu diesen formalen Bedingungen gehört auch die Anschauungsform des Raumes; aber es gehören nimmermehr zu ihr die einzelnen Dinge im Raum, also beispielsweise die zwei Punkte, um deren Wechselwirkung es sich im vorliegenden Falle handelt, oder irgend ein dritter außerhalb derselben.

Doch wie es sich immer mit der Berechtigung dieser Abstraction verhalten möge, jedenfalls muß anerkannt werden, daß Sätzen, die eine derartige Elimination verlangen, eine unmittelbar zwingende Evidenz nicht zukommen kann, und daß daher eine solche Deduction für sich allein niemals genügen würde, aus den Bedingungen der Anschauung die Geltung der Axiome zu erweisen. Vielmehr wird immer erst die empirische Brauchbarkeit der Sätze, die Möglichkeit mit ihrer Hülfe einen vollständigen Causalzusammenhang zwischen den Thatsachen der Erfahrung zu Stande zu bringen, die Gültigkeit derselben sicherstellen. Eben darum halten sie die Mitte zwischen axiomatischen und hypothetischen Sätzen: durch die anschauliche Begründung, zu der sie herausfordern, besitzen sie einen axiomatischen, durch die Unerläßlichkeit einer Verification in der Erfahrung einen hypothetischen Charakter. Bekanntlich hat man in neuerer Zeit den Unterschied zwischen Axiom und Hypothese überhaupt zu beseitigen gesucht, indem man auch die axiomatischen Sätze der Mathematik durchgängig mit dem Namen „Hypothesen" belegte. Ich glaube nicht, daß diese Vermengung, welche hervorragende Mathematiker und Physiker zu ihren Vertretern zählt, als ein sonderlicher Fortschritt betrachtet werden kann. Zweifellos aber ist es, daß im gegenwärtigen Fall, bei den fundamentalen Voraussetzungen namentlich der Mechanik und Phoronomie, die Auffassung als Hypothese und die als Axiom beide von gewissen Gesichtspunkten aus gerechtfertigt sind, und eine erschöpfende Untersuchung wird daher auch beide Betrachtungsweisen anwenden müssen. Sollte hierbei der Zurückführung mechanischer und physikalischer Grundsätze auf gewisse Postulate der Anschauung auch jeder endgültige Werth für die definitive Bewährung derselben als Axiome abgesprochen werden, so würde eine solche Begründung doch immer noch den Werth behalten, daß sie über die so oft ohne zureichende Bürgschaften der Erfahrung jenen Sätzen zugeschriebene Evidenz Rechenschaft zu geben vermag. Denn wenn auch bei den Begründern der heutigen Physik die Deduction aus den Bedingungen der Anschauung nicht ausdrücklich in der Form, in der wir sie heute geben können, zu finden ist, so lassen doch manche Ausführungen derselben annehmen, daß ihnen etwas Aehnliches vorgeschwebt und nur wegen der unzureichenden erkenntnißtheoretischen Vorbedingungen, unter denen sie arbeiteten, nicht den zureichenden Ausdruck gefunden hat. In diesem Sinne läßt sich namentlich dem bei Galilei eine so große Rolle spielenden „Principium simplicitatis" eine derartige Interpretation geben, wenn auch nicht geleugnet werden soll, daß sich bei Galilei selbst mit dieser logischen eine metaphysische Auffassung jenes Princips verbindet, der wir heute keine reale Bedeutung mehr zugestehen können. Auch in den Ausführungen Descartes' über den Bewegungsbegriff tritt neben manchem Falschen doch die Erkenntniß der anschaulichen Bedingungen des Princips der Relativität der Bewegung deutlich zu Tage.

So wünschenswerth es nun aber auch sein mag, die beiden hier erörterten Forderungen einer Begründung physikalischer Sätze axiomatischen Charakters, die Nachweisung der Bedingungen ihrer Evidenz und die Auffindung aller in die gegebene Naturerklärung eingehenden Hypothesen, neben einander zu erfüllen, so begegnet doch der Versuch dieses auszuführen eigenthümlichen Schwierigkeiten, die aus der Divergenz der jedesmaligen Aufgaben entspringen. Die Evidenz gegegebener Sätze wird dann am sichersten, wenn nicht überhaupt allein nachzuweisen sein, wenn die einfachsten Bedingungen ihrer Anwendung aufgesucht werden. Die vollständige Nachweisung der hypothetischen Grundlagen einer gegebenen Theorie aber wird die Rücksichtnahme auf alle möglichen Bedingungen, die bei derselben in Frage kommen, erfordern, und diese Vollständigkeit der Bedingungen wird in der Regel zugleich mit einer relativ verwickelten Beschaffenheit derselben verbunden sein. So wird es unvermeidlich geschehen, daß das Streben, Axiome im ersteren Sinne zu finden, zu Vereinfachungen führt, welche die Brauchbarkeit der betreffenden Sätze als hypothetischer Erläuterungs= grundlagen in Frage stellen.

Die Sätze, die an die Spitze dieses Aufsatzes gestellt sind, tragen vornehmlich dem Streben nach Evidenz Rechnung. Sie sind in einer Weise formulirt, welche die anschaulichen Bedingungen, denen sie ihren in der Geschichte der Wissenschaft beglaubigten Anspruch auf Evidenz verdanken, möglichst soll hervortreten lassen. Sie folgen da= her dem methodologischen „Principium simplicitatis" mehr, als es mit den Ansprüchen auf Vollständigkeit der hypothetischen Voraus= setzungen verträglich ist. So genügt es beispielsweise vom letzteren Standpunkte aus nicht, wie es das dritte Axiom thut, sich auf die Betrachtung zweier materieller Punkte, die in physischer Wechselwirkung stehen, zu beschränken. Sind uns doch nirgends in der Natur zwei materielle Punkte allein gegeben. Diese Abstraction mag also ein zweck= mäßiges Hülfsmittel sein, um zu einer Betrachtung der verwickelten Verhältnisse physischer Kräftewirkungen vorzubereiten; um die Vor= aussetzungen für diese Verhältnisse selbst zu erschöpfen, dazu fehlt es ihr an den nothwendigen Angaben darüber, wie es mit jenem ein= fachen Satze beim Hinzutritt weiterer bestimmender Elemente zu halten sei.

Bedenken von ganz entgegengesetzter Art drängen sich nun auf, wenn man diejenigen Voraussetzungen betrachtet, welche von dem hier ergänzend eintretenden Standpunkte der möglichst vollständigen Ermittelung der hypothetischen Grundlagen der specielleren Sätze aus aufgestellt werden können. Hier ergeben sich so verwickelte Formuli= rungen, daß man von vornherein hinter jeder derselben mehrere einfache Axiome vermuthen darf; und auch der Charakter der Formeln ist im Allgemeinen ein solcher, daß von Evidenz oder anschaulicher Nothwendig= keit ihrer Geltung nicht mehr die Rede sein kann, vielmehr in diesem Falle anschaulich so gut wie begrifflich Voraussetzungen von ganz ent= gegengesetztem Inhalte vollkommen denkbar sein würden.

Die Richtigkeit dieser Bemerkung läßt sich allerdings bis jetzt nur an einem Satze näher nachweisen, weil nur er Gegenstand der Unter= suchung in Bezug auf die in ihm enthaltenen allgemeinen Voraus= setzungen gewesen ist, an dem Beharrungsgesetz. Vier Jahre, nachdem der obige Vortrag gehalten und in weiterer Ausführung in einer besonderen kleinen Schrift veröffentlicht war*), hat C. Neumann in einer in Leipzig gehaltenen Antrittsrede die Voraussetzungen des Galileischen Princips in dem hier angedeuteten Sinne untersucht.**) Das Resultat dieser Untersuchung läßt sich in den Satz zusammenfassen, daß das Beharrungsgesetz ein im Weltraum festes Coordinatensystem oder, wie Neumann es ausdrückt, einen absolut starren Körper Alpha voraussetzt, auf welchen bezogen nun erst jede Bewegung eines sich selbst überlassenen Systems als geradlinig und in gleichen Zeiten gleiche Räume zurücklegend festgestellt werden kann: diese Feststellung befindet sich dann aber zugleich in Uebereinstimmung mit den aus ihr abge= leiteten Bewegungsgesetzen. Zu dem von Galilei bereits aufgestellten Satze tritt also hier noch die Hypothese der Existenz eines Körpers Alpha von den angegebenen Eigenschaften oder, wie man vielleicht besser sagen kann, die ausdrückliche Beziehung auf ein von Galilei nur stillschweigend gedachtes, im Raume festes Coordinatensystem hinzu.

In dieser Neumannschen Definition ist nun aber ebenfalls noch eine Voraussetzung enthalten, die einer präciseren Bestimmung bedarf. Diese Voraussetzung besteht darin, daß der sich selbst überlassene Körper in gleichen Zeiten gleiche Räume zurücklegt. Die Beziehung auf den Körper Alpha kann uns immer nur über die Geradlinigkeit der Be= wegung Aufschluß geben, nie aber darüber, ob auch jene Forderung gleicher Zeiten, die den gleichen Raumtheilen entsprechen sollen, erfüllt sei. Diese Lücke der Neumann'schen Feststellungen hat in neuester Zeit Ludwig Lange in einigen der Discussion des Beharrungsgesetzes gewidmeten Arbeiten auszufüllen gesucht, indem er darauf hinwies, daß es genüge, eine analoge Voraussetzung, wie sie Neumann in Bezug auf den räumlichen Theil des Beharrungsgesetzes mit der Einführung seines starren Körpers Alpha bez. eines festen Coordinatensystems gemacht, auch in Bezug auf den zeitlichen Theil desselben zu machen. Man hat also statt jenes Körpers ein Coordinatensystem (Inertialsystem) anzunehmen, welches die beiden Forderungen erfüllt, daß mit Bezug auf dasselbe erstens die Bahnen dreier vom selben Raumpunkt aus projicirter, aber nicht in einer und derselben Geraden liegender Punkte, die sich selbst überlassen bleiben, geradlinige sind, und daß zweitens irgend ein sich selbst überlassener Punkt in Bezug auf eine Zeitscala, die als Inertialzeitscala an dasselbe System gebunden ist, in gleichen

---

*) Die physikalischen Axiome und ihre Beziehung zum Causalprincip. Er= langen 1866.

**) Ueber die Principien der Galilei=Newtonschen Theorie. Leipzig 1870.

Zeiten gleiche Strecken zurücklegt. Sind diese Bedingungen erfüllt, so ist nun auch die Bewegung jedes beliebigen **vierten** sich selbst überlassenen Punktes in Bezug auf das nämliche System eine **geradlinige**, und die Bewegung jedes beliebigen **zweiten** an der Zeitscala des Inertialsystems gemessenen Punktes eine **gleichförmige***).

Daß eine Formulirung wie diese der axiomatischen Evidenz entbehrt, leuchtet ohne Weiteres ein. Jeder Schritt, welcher die gemachten Postulate einer erschöpfenden Feststellung aller Voraussetzungen näher führt, entfernt sie weiter von diesem Ziel. Genügte es einen ruhenden Punkt im Weltall anzunehmen, auf den alle Bewegungen bezogen werden könnten, so würde das allenfalls als eine plausible Annahme gelten können. Ein ruhender und absolut starrer Körper wie der Neumann'sche, der nirgends Wirklichkeit hat und doch alle wirklichen Bewegungen bestimmen soll, ist der vollste Gegensatz zum Postulat der Anschaulichkeit, den man verlangen kann. Hier hat die Verwandlung in ein Coordinatensystem wenigstens den Vortheil, daß sie deutlicher auf die fictive Natur der ganzen Annahme hinweist. Dieser Charakter der Willkür, den auf solche Weise der räumliche Theil des Beharrungsgesetzes schon annimmt, wird nun nicht unerheblich durch die für den zeitlichen Theil desselben gemachte Annahme der „Inertialzeitscala" noch vergrößert. Das ganze Inertialsystem mit allen für dasselbe aufgestellten Bedingungen ist, wie Lange sich treffend ausgedrückt hat, lediglich „Convention". Erst nachdem diese Convention angenommen ist, kann für beliebige andere Punkte im Raum das Urtheil über Geradlinigkeit der Richtung und Gleichförmigkeit der Bewegung sich selbst überlassener Punkte als „Forschungsergebniß" betrachtet werden. Da wir aber bekanntlich Punkte, die im strengen Sinne sich selbst überlassen d. h. der Einwirkung aller außerhalb gelegenen Kräfte entzogen sind, niemals beobachten können, so wird dadurch der hypothetische Charakter jener Convention um so fühlbarer.

Hieran wird im Wesentlichen nichts geändert, wenn man irgend eine andere Seite des ganzen Complexes hier vorausgesetzter Bedingungen und Folgen zum Ausgangspunkte nimmt, so z. B. wenn man mit Mach**) das Trägheitsgesetz als die Hypothese definirt, nach welcher Körper, wenn sie so weit von einander entfernt sind, daß sie sich keine merklichen Beschleunigungen ertheilen, ihre sämmtlichen Entfernungen

---

*) L. Lange, Ueber die wissenschaftliche Fassung des Galilei'schen Beharrungsgesetzes, in Wundt philos. Studien II, S. 266 und 539. Berichte der königlich sächsischen Gesellsch. der Wissenschaften 1886.

**) Mach, die Mechanik in ihrer Entwicklung, 1883, S. 217.

einander proportional ändern, oder wenn man, wie es von Streintz*)
geschieht, die Rotationserscheinungen, die am Foucault'schen Gyro-
skop und an ähnlichen Instrumenten zu beobachten sind, als das
zunächst Gegebene betrachtet, um von da aus zur Definition eines so
genannten Fundamentalkörpers zu gelangen als eines solchen, der keine
Rotation ausführe und unabhängig von allen umgebenden Massen sei.
Es ist einleuchtend, daß die gleichförmige Geschwindigkeit sich selbst
überlassener Körper, die in der ersten dieser Fassungen als Folge ab-
geleitet werden soll, schon in der Bedingung, daß die Körper einander keine merklichen Beschleunigungen ertheilen, enthalten ist. Die
zweite dagegen benutzt Erscheinungen, bei deren Auffassung der
fragliche Satz bereits vorausgesetzt wird, um ihn dann scheinbar
wirklich zu finden.

Die Formulirungen von Neumann und Lange haben den Vorzug,
daß sie von solchen Petitiones principii frei sind, und daß sie ganz
im Sinne der bei Galilei selbst obwaltenden Naturbetrachtung direct
und in positiver Form die Voraussetzungen des Beharrungsprincips
festzustellen bemüht sind. Gerade hier zeigt es sich nun aber auf das
Deutlichste, daß diesem Princip in der so gewonnenen erschöpfenden
Determination seiner Elemente unmöglich die Bedeutung eines Axioms
beigelegt werden kann; und zwar entbehrt es derselben nicht bloß in
jenem Sinne, in welchem überhaupt auf physikalischem Gebiete vermöge
der Nothwendigkeit der Verification durch die Naturerfahrung alle
Axiome gleichzeitig den Charakter von Hypothesen besitzen, sondern auch
in allen andern Beziehungen. Es fehlt ihm erstens die Evidenz:
denn es besteht nicht die geringste Schwierigkeit, diese Voraussetzung
durch irgend eine andere ersetzt zu denken; der Satz hat also in dieser
Hinsicht lediglich die Eigenschaft einer Hypothese angenommen. Es
fehlt ihm aber auch zweitens die Einfachheit: er läßt sich in
mehrere Sätze zerlegen, und selbst die so gewonnenen einfacheren Sätze
enthalten immer noch Begriffe von zusammengesetzter Beschaffenheit.

Es versteht sich von selbst, daß dies keine Mängel sind, wenn
man lediglich von derjenigen Aufgabe ausgeht, welche sich Neumann
und Lange gestellt haben: von der Aufgabe nämlich, alle im Galileischen
Princip enthaltenen Voraussetzungen vollständig zu entwickeln. Unter
diesem Gesichtspunkte betrachtet liegt vielmehr gerade darin ein Ver-

---

*) Streintz, Die physikalischen Grundlagen der Mechanik, 1883.

dienst jener Arbeiten, daß sie die außerordentlich verwickelte Natur eines scheinbar einfachen Satzes nachgewiesen haben. Anders aber verhält sich die Sache, wenn es sich darum handeln sollte, unabhängig von überlieferten Sätzen die Principien aufzustellen, auf welche als letzte nicht mehr weiter reducirbare Voraussetzungen die physikalische Naturerklärung zurückführt. Hier würde es die nächste Aufgabe sein, die einzelnen Sätze isolirt aufzustellen, welche in jenem zusammengesetzten Princip mit einander verbunden vorkommen. Dahin gehören zunächst die Definitionen der geradlinigen, der gleichförmigen Bewegung und des sich selbst überlassenen Punktes, und sodann als ein fundamentalerer Satz von axiomatischem Charakter das Gesetz der Relativität der Bewegung.

Die hier geltend gemachte Forderung, einfache, nicht weiter zerlegbare Principien als letzte Voraussetzungen aufzustellen, ist nun ohne Zweifel vor Allem vom logischen Gesichtspunkte aus als eine berechtigte anzuerkennen. Sie ist aber auch um deßwillen zu beachten, weil nur bei einer systematischen Ordnung der einfachsten Principien der so leicht sich einschleichende Fehler vermieden werden kann, daß man Annahmen stillschweigend einführt, ohne sie ausdrücklich formulirt zu haben. Eher wird vielleicht das weitere Verlangen, daß, so weit dies geschehen kann, die letzten Voraussetzungen zugleich auf evidente Elemente zurückgeführt werden, Bedenken begegnen, da es ja auf physikalischem Gebiete auf keinen Fall um eine Evidenz ähnlicher Art wie auf mathematischem sich handeln kann, sondern hier wohl immer nur eine anschauliche Gewißheit jenen Bestandtheilen zukommt, die selbst mathematischer Art sind, die also der reinen Anschauung ohne Rücksicht auf die besonderen physikalischen Bedingungen angehören. Da aber die physikalischen Voraussetzungen solche mathematische Bestandtheile enthalten, so ist damit eine derartige Nachforschung nach evidenten Postulaten hinreichend gerechtfertigt. Nebenbei kann dieselbe sogar rein empirisch betrachtet als eine zu stellende Aufgabe anerkannt werden, da das Streben, gewissen Grundlagen der physikalischen Erklärung Evidenz zuzuschreiben, eine in der Geschichte der Wissenschaft so offenkundig hervortretende Thatsache ist, daß die Frage, welche Motive hierbei wirksam gewesen sind, an und für sich eine Untersuchung verdient. Denn wie man auch immer über die Bedeutung speculativer Vermuthungen denken möge: das Eine ist wenigstens gewiß, daß, wenn sie nicht eingewirkt hätten, der Weg der wissenschaftlichen Forschung voraussichtlich ein unendlich viel langsamerer gewesen wäre. Ja im strengsten Sinne würden sich ohne einen solchen Glauben an evidente Grundlagen der Naturerklärung Sätze wie das Axiom von der Gleichheit von Action und Reaction oder von der Gleichförmigkeit der Bewegung eines sich selbst überlassenen Punktes überhaupt nicht haben finden lassen, da ihre Aufstellung oder mindestens ihre hypothetische Annahme der Nachweisung ihrer Brauchbarkeit lange voranging, ein strenger empirischer Beweis ihrer Gültigkeit aber überhaupt unmöglich ist. Hier überall hat daher das Galileische Princip der Einfachheit in seiner rein logischen Bedeutung und angewandt auf die durch die Anschauungsformen bestimmten Bedingungen der Naturerscheinungen seine Fruchtbarkeit als Hülfsmittel für die Gewinnung geeigneter Hypothesen bewährt.

Gemäß den obigen Forderungen wird sich demnach die erkenntnißtheoretische Aufgabe bei der Untersuchung der allgemeinen Principien der physikalischen Naturerklärung als eine doppelte bezeichnen lassen: erstens werden die thatsächlich angewandten Principien in die sämmtlichen einzelnen Voraussetzungen, die in sie eingehen, zu zerlegen; und zweitens wird die Existenz evidenter Bedingungen für die elementarsten Voraussetzungen des materiellen Geschehens zu prüfen sein. Je vollständiger diese beiden Aufgaben ihre Erledigung finden, um so mehr ist aber zu erwarten, daß sie in ihren Ergebnissen insofern zusammentreffen, als die erste oder analytische Aufgabe der zweiten oder synthetischen die Elemente an die Hand gibt, mit welchen diese zu operiren hat.

Das Problem der Geschichte der Auslegung.

Von
H. Holtzmann.

Die großen Culturreligionen Chinas, Indiens, Persiens und Arabiens haben mit dem Judenthum und Christenthum bekanntlich u. A. auch die Eigenschaft gemein, daß sie sämmtlich „Buchreligionen" sind, d. h. eine heilige Literatur der Vorzeit zur Grundlage des Volkslebens machen. Darauf zumeist beruht ihre Dauerhaftigkeit, ihre Reformabilität, ihre Verwachsenheit mit dem ganzen Culturleben der von ihnen beherrschten Nationen. Andererseits aber ergeben sich aus der Aufgabe, die heilige Literatur der Vorzeit auch dem Bewußtsein nachfolgender Generationen zugänglich zu erhalten, vielfache Schwierigkeiten, Mißverständnisse und Illusionen, die um so bemerkenswerther erscheinen, als sie mit einer gewissen Regelmäßigkeit selbst auf zeitlich und örtlich auseinander liegenden Gebieten der Religionsgeschichte wiederkehren und insofern zur Aufstellung eines allgemein gültigen Gesetzes einladen. Wir greifen hier nur eines dieser Momente heraus, wenn wir auf die eigenthümlichen Voraussetzungen und Bedingungen hinweisen, unter welchen, wie von allen Buchreligionen, so speciell vom Judenthum und Christenthum das Geschäft der Auslegung in Angriff genommen wird.

Wie auch sonst im Orient, so wird die Frage nach dem Inhalte heiliger Offenbarungsschriften innerhalb der jüdischen Synagoge und der altchristlichen Kirche erst zu einer Zeit lebendig, da der Zusammenhang mit denjenigen Generationen, Kreisen und Persönlichkeiten, welche jene Schriften producirt haben, abgerissen, der Fluß alter und echter Traditionen versiegt, folglich auch Niemand mehr im Stande ist, auf jene Frage aus eigenstem, unmittelbarem Wissen eine Antwort zu ertheilen.

Die Sammlung des alttestamentlichen Kanons hatte sich unmittelbar an die Codificirung der geltenden Gebräuche und Rechte, d. h. an die Herstellung der Tora, unserer sog. 5 Bücher Moses, angeschlossen, welche das Werk des Esra und seiner nächsten Nachfolger gewesen ist. Aber schon die spätesten Theile dieser, in dem sog. Alten Testamente erhaltenen Reste der althebräischen Nationalliteratur lassen das Zurücktreten der hebräischen Sprache hinter der aramäischen Volkssprache erkennen, und seit Anfang des ersten vorchristlichen Jahrhunderts war in Palästina nur die letztere noch unmittelbar verständlich. Das Althebräische aber setzte sich mittlerweile ganz allmälig in jenes Neuhebräische um, welches dann seit dem Ende des ersten nachchristlichen Jahrhunderts als Sprache der rabbinischen Schulgelehrsamkeit auftritt. In der Mitte liegt die Zeit, da alles unmittelbare Verständniß des Inhaltes alttestamentlicher Schriften abbricht und verloren geht.

Ganz Aehnliches wiederholt sich sofort auf christlichem Boden. Das Christenthum stellt von Haus aus eine Erscheinung dar, die nur von gewissen Voraussetzungen des religiösen Bewußtseins, wie es im damaligen Judenthum sich gestaltet hatte, aus verständlich wird. Die Auffassung und Behandlungsweise, welche das Alte Testament in den Schriften des apostolischen (bis 70) und nachapostolischen (bis circa 150) Zeitalters findet, ist von dem historischen Verständnisse jener Urkunden wo möglich noch weiter entfernt, wie im gleichzeitigen Judenthum. Nicht minder aber ging dem auf die nachapostolische Epoche folgenden Menschenalter, welches die Reste apostolischer (und nachapostolischer) Literatur zu einem neuen Kanon vereinigte, bereits jedwedes historische Verständniß der Probleme des Urchristenthums und damit auch der Documente desselben ab. Bekanntlich ließ die Christenheit seit etwa 170 derselben dogmatischen Kategorie, darunter das Judenthum die Trümmer der althebräischen Literatur geborgen hatte, Anwendung auch auf die Ueberbleibsel aus der christlichen Urzeit angedeihen. Aus den „evangelischen und apostolischen Schriften" ist ein christlicher Kanon, ein sog. Neues Testament geworden in derselben folgenschweren, wenn auch dunkeln und räthselhaften Uebergangsperiode, darin diejenigen christlichen Gemeinden, welche das Judenchristenthum überwunden und den Gnosticismus ausgeschieden hatten, sich zu jener großen Conföderation zusammenschlossen, welche unter dem damals zuerst gehörten Namen der „katholischen Kirche" bald weltbekannt werden sollte. Indem nun aber dieselbe Kirche von der Voraussetzung ausging, immer sich selbst gleich und insofern von jeher dagewesen zu sein, b. h. eine von Christus und den Aposteln im Anschlusse an alttestamentliche Präformationen zur Erfüllung alttestamentlicher Typen mit einem Schlage hervorgerufene Stiftung darzustellen, daher alt- wie neutestamentliche Schrift nur als ein Instrument zur Rechtfertigung des jedesmaligen status quo verwendete, verschloß sie sich definitiv jeden Zugang zu einem geschichtlichen Verständniß der neutestamentlichen Schriften, verbaute sich sogar doppelt die Aussicht nach dem hebräischen Alterthum *).

Nun aber weiter! In demselben Maße, wie jede wirkliche und passirbare Brücke zwischen Gegenwart und Vergangenheit abgerissen, wie das jedesmalige Heute von dem fernen Ursprungspunkt der Religion durch einen immer mächtiger anschwellenden Strom des geschichtlichen Processes getrennt erscheint, in demselben Maße sehen wir in der Wolkenhöhe eine imaginäre Brücke sich über den Strom schwingen, welche die größten Zeitfernen zu umspannen und mit einander zu verbinden vermag. Es ist die dogmatische Tradition, welche jetzt an die Stelle der historischen tritt. Wir verstehen darunter eine Fiction, welche in jeder Buchreligion wesentlich die gleiche Rolle spielt und wie nichts Anderes dazu angethan ist, das Nachwachsen und Erstarken eines rein historischen Verständnisses der Vergangenheit, einer rein sprachrichtigen und sachgemäßen Auslegung der Urkunden derselben zu erschweren, ja thatsächlich unmöglich zu machen.

Wir beschränken uns auf den Nachweis der parallelen Entwickelung im Judenthum und Christenthum. Damit, daß das Werk der Codification vollzogen und das Judenthum insofern Buchreligion geworden war, war das geistige Leben des Volkes mit nichten zum Stillstand gebracht. Die Theologen und Kanonisten stellten ihre Arbeit keineswegs ein. Wohl aber wurden die nachfolgenden Resultate der gesetzgeberischen, das fortschreitende Leben der Nation regelnden Thätigkeit nur mündlich weiter überliefert. Es war eine dem abgeschlossenen Buche dargebrachte Huldigung, eine Consequenz des Princips der Kanonicität, wenn Jahrhunderte lang der Grundsatz aufrecht erhalten wurde, nichts mehr von gesetzlichem Inhalte aufzuschreiben. Erst als der zur Auslegung und Weiterbildung des Gesetzes dienende Stoff sich so sehr angehäuft hatte, daß das Gedächtniß allein ihn nicht mehr zu

---

*) Vgl. mein Lehrbuch der historisch-kritischen Einleitung in das Neue Testament 1885, S. 21.

bewältigen vermochte, griff man wieder zur Feder und kam es dem=
gemäß zur Entstehung des Talmud als einer zweiten Bibel *). Da=
gegen besitzen wir von den im Talmud citirten Autoritäten der un=
mittelbar vor- und nachchristlichen Zeit, also z. B. von Hillel, keine
Zeile, die sie selbst geschrieben hätten. Die Weiterbildung des Gesetzes
durch casuistische Detailarbeit vollzog sich vielmehr ausschließlich auf
dem Wege der mündlichen Discussion der Schriftgelehrten unter sich,
beziehungsweise der mündlichen Unterweisung der jüngeren durch die
älteren **). Die Summe solcher Aussprüche von Schriftgelehrten, wo=
durch das Gewohnheitsrecht fixirt wurde, nannte man Halacha („was
gang und gäbe ist"). Das ist jene „Ueberlieferung der Väter", welche
Matth. 15, 2., Marc. 7, 3 erwähnt und kritisirt wird. Zur Kunst der
Schriftgelehrten aber gehörte in erster Linie die Fähigkeit, den Inhalt
dieser Tradition aus der Schrift herzuleiten und auf diese Weise den
Offenbarungscharakter auch aller derjenigen Satzungen zu erweisen,
welche zwar allgemein üblich und anerkannt, aber ohne direkten An=
knüpfungspunkt in der Tora waren. Hillel gilt als der Erfinder einer
eigenen Logik, durch welche ein solches Beweisverfahren normirt wurde.
Unter seinen sieben Regeln oder Maßstäben (Middot), welchen spätere
Rabbinen noch sechs weitere hinzufügten, figuriren beispielsweise die
Argumentatio a minore ad majus und umgekehrt, der Schluß vom
Allgemeinen auf das Besondere, der Beweis ex analogia, was Alles
auch in der Dialektik der synoptischen Evangelien eine Rolle spielt ***).
Im Allgemeinen blieb diese Fortbildung des Gesetzes auf dem Wege
der Auslegung Sache der Schulen; die Halacha ist das werdende corpus
juris des Judenthums, ihre Bestandtheile sollten zur Sicherheit der
Ueberlieferung stets genau mit denselben Worten mitgetheilt, von einem
Schüler zum andern weiterbefördert werden in derselben Form, wie
sie erstmalig aus dem Munde des betreffenden Schulhauptes vernommen
worden waren. An die Namen der einzelnen Lehrer wurden die
halachischen Sätze einfach angereiht, ganz ohne sachlichen Zusammen=
hang, ohne systematisirende Methode. So stehen sich für die Zeit, mit

---

*) Vgl. F. Weber, System der altsynagogalen palästinischen Theologie
1880, S. 84, 88 f.

**) Vgl. E. Schürer, Geschichte des jüdischen Volkes im Zeitalter Jesu
Christi 1886, S. 261 f., 270 f.

***) Vgl. A. Merx, Eine Rede vom Auslegen insbesondere des Alten
Testaments 1879, S. 44 f.

welcher wir es zu thun haben, Schrift und Ueberlieferung, Kanon und Tradition auch formell vollkommen geschieden gegenüber, geradeso wie es auch in der alten katholischen Kirche eine Zeit gab, da Bischöfe wie Papias und Irenäus sich auf die „lebendige Stimme" der Ueberlieferung als auf eine Autorität außer und neben der „Schrift" berufen konnten, während das, was später die scholastische Durchbildung des Dogmas unter dem Namen der Tradition als zweite Quelle des Glaubens geltend machte, hauptsächlich die Hinterlassenschaft der Kirchenväter, die Beschlüsse der Concilien, die Decrete der Päpste umfaßt, also in keinem formellen Gegensatze mehr zur „Schrift" steht.

Worauf es uns aber bei obiger Betrachtung vorzüglich ankommt, ist, daß diese Tradition überall Geltung nur beansprucht, sofern sie das mündlich fortgepflanzte Verständniß einer in Schriftform schon relativ abgeschlossenen Offenbarung sein will. Die jüdische wie die christliche Tradition gibt sich zunächst nur als authentische Interpretation der „Schrift". Alle heilige Tradition ist von Haus aus nur ein Surrogat für die Exegese; ihre Träger verhalten sich zu den philologisch und historisch geschulten Commentatoren der Neuzeit etwa wie die priesterliche Aerzteinnung der Asklepiaden zu unseren heutigen Medicinern. Die Darstellung dieser Metamorphose ist die Geschichte der Auslegung heiliger Texte.

Die Rolle, welche der Traditionsbegriff in der Geschichte der Auslegung spielt, ist in Bezug auf jede Buchreligion nahezu dieselbe, zumal wenn die heiligen Schriften in einer aussterbenden oder ausgestorbenen Sprache verfaßt sind. Zur Befriedigung des Interesses, welches man an ihnen nimmt, bildet sich ein eigener Gelehrtenstand mit oder ohne Priesterkleid. Constante Erscheinung ist vor Allem dies, daß der betreffende Stand von der Fiction einer ununterbrochenen Ueberlieferung zehrt, durch welche sein abgeleitetes Wissen um den Inhalt der heiligen Schriften mit dem Bewußtsein der heiligen Schriftsteller selbst zusammenhängen soll. Ein solcher Zusammenhang läßt sich aber nirgends mehr nachweisen; zumal in den Fällen, welche uns hier als Paradigmen dienen, ist er thatsächlich abgerissen. Der Begriff der Tradition dient somit als Hülfsconstruction behufs der Fiction eines Wissens, welches vom religiösen Bedürfniß postulirt, von der Wirklichkeit versagt wird. So sind die Schriftgelehrten des nachexilischen Judenthums die persönlichen Träger des Traditionsgedankens. Sie fungiren anfangs bei Verlesung des Gesetzes in den Synagogen lediglich als Erklärer, später, als das Althebräische nicht mehr verstanden wurde, auch als Uebersetzer des heiligen Textes; aus der, übrigens erst nach der neutestamentlichen Zeit erfolgenden, schriftlichen Fixirung dieser paraphrasirenden Schrifterklärung gingen die sog. Targume hervor.

Hier wie überall in ähnlichen Fällen bietet die ursprünglich nur erklärend und auslegend auftretende Tradition Gelegenheitsursache zur Entstehung einer den Inhalt des zu deutenden Buchstabens mit neuen Zuthaten bereichernden und endlich überwuchernden, also einer productiv auftretenden Tradition. Die Motive hierfür sind durchaus praktischer Natur. Auch beim besten Willen ließ sich an eine buchstäbliche Befolgung des geschriebenen Gesetzes auf die Dauer nicht denken. Die politischen, socialen und nationalökonomischen Lebensbedingungen, sogar der religiöse Horizont und die sittliche Atmosphäre verändern und verschieben sich selbst im conservativen Orient mit der Zeit unvermeidlich. Einige Theile des Gesetzes mußten modificirt, andere außer Kraft gesetzt werden; eine Menge neuer Gebräuche kam auf und bildete sich zu einem System fester Formen aus, jenem „Zaun um das Gesetz", wie er im Munde der Schriftgelehrten als Definition oder vielmehr Veranschaulichung der Tradition vorkommt. Mit diesen reellen Leistungen, die im Namen der Tradition vorgenommen wurden, hatte nun die imaginäre Größe selbst, welche diesen Namen führt, Schritt zu halten. Sie konnte nicht mehr auf dem bescheidenen Niveau einer exegetischen Leistung bleiben, wo doch allzu deutlich in die Augen sprang, daß ihr Inhalt nicht sowohl aus dem Schriftbuchstaben, als vielmehr einfach aus der Gewohnheit entnommen war. Alles, was schon so lange üblich war, daß man sagen konnte, es sei von jeher so gehalten worden, also das gesammte Gewohnheitsrecht mußte unter dem Schutzdach der Tradition Unterkunft finden. Bald gab es eine Legende von der Herkunft und Entstehung dieses Daches, gleichsam eine Mythologie von der Tradition. Sie sollte direct von Moses selbst herstammen, welcher einst am Sinai den Aeltesten sein Geheimniß anvertraut habe. Der gesammte, zur Erläuterung und Weiterentwickelung des geschriebenen Gesetzes dienende Inhalt sollte sich dann durch die Propheten auf Esra und die Männer der „großen Synagoge" und von diesen auf spätere Schulhäupter bis herab auf Hillel und Gamaliel vererbt haben, ganz ähnlich wie das Tridentinum sich zu Traditionen bekennt, „welche von den Aposteln unmittelbar aus dem Munde Christi empfangen oder von den Aposteln selbst, denen der heilige Geist sie eingegeben, gleichsam von Hand zu Hand weitergegeben worden und so bis auf uns gelangt sind". Daß die angeblichen Organe, in Wahrheit die Producenten der Ueberlieferung, hier Bischöfe und Päpste, dort Schriftgelehrte und Schulhäupter sind, entspricht einfach den sonstigen Unterschieden, welche zwischen christlicher und jüdischer Religionsgenossenschaft obwalten. Beiderseits sind die angeblichen Ueberlieferer der Gesetzgebung in Wahrheit selbst die Gesetzgeber, und beiderseits wird die Umsetzung der reproductiven in productive Ueberlieferung besonders auf Einem Punkte anschaulich. Die jüdische Theologie gesteht das Verlorensein einzelner, von Moses her ererbter Bestimmungen zu, sie spricht von Lücken in der Ueberlieferung, welche von Zeit zu Zeit durch Mehrheitsbeschlüsse das „Lehrhauses" ergänzt werden mußten *). Das Synedrium ist also in gleicher Weise Organ der Tradition, wie in der christlichen Kirche das Concil, dessen dogmatische Satzungen sich gleichfalls als Folgerungen aus der apostolischen Lehre geben, die aber zeitweilig zurückgetreten waren und erst anläßlich des Auftretens häretischer Gegensätze der Kirche zum Bewußtsein gekommen sind.

So hatte in dem Judenthum, von welchem um die Wende der Zeiten das Christenthum sich abzweigte, unter dem Namen der Tradition ein lebendiges Schaffen die Kluft zwischen dem Leben der Gegenwart und den starren Zeugen einer immer unverständlicher werdenden Vergangenheit ausgefüllt, und das Geschäft der Auslegung bestand darin, die pharisäische Dogmatik und Ethik, welche das Bewußtsein der Gegenwart ausfüllte, als in Gesetz und Propheten enthalten oder doch wenigstens angelegt, irgendwie als identisch mit der Religion des alten Israel nachzuweisen. Demgemäß beruhte die Hermeneutik dieses ältesten Rabbinenthums auf einem Verfahren, welches negativ durch völlige Vernachlässigung des Zusammenhangs, positiv durch starkes Pressen des einzelnen Buchstabens, Wortes oder Satzes sich kennzeichnet, „so daß sich aus Mikrologie und Willkür eine Behandlungsweise zusammensetzt, die, weil selbst im höheren Sinne principlos, einer Zurückführung auf Principien nicht fähig ist" **). Ein einzelner Satz oder ein Wort bilden den Ausgangspunkt rabbinischer Auslegung. Da dieses Redeelement nach seinem auf der Oberfläche liegenden Sinne werthlos scheint, muß man tiefer suchen (darasch), und das Ergebniß solchen Suchens, der Midrasch, kann dann sowohl das Gesetz betreffen, halachischer Natur sein, als auch — und das versteht man gewöhnlich unter Midrasch — dem religiösen Bewußtsein überhaupt eine Bereicherung

---

*) Vgl. Weber, S. 91 f.
**) Vgl. Merx, S. 43 f.

zuführen, sei es von theologischer Erkenntniß, sei es von historischem Wissen, sei es von praktisch-religiösen Motiven.

Man unterscheidet nämlich von der Halacha als eine zweite Form des Niederschlages der exegetischen Bemühungen die Haggada. War jene mehr im Lehrhause üblich, so diese in der Gemeindeversammlung, wo Ansprachen und Vorträge gehalten wurden. Ihrem Hauptinhalte nach sind also die Midrasche Sammelwerke der Haggada, d. h. desjenigen Theiles der Tradition, welcher nicht Halacha ist, sondern zwanglose, bald erbauliche, bald theosophische, bald moralische Auslegung des geschichtlichen und des prophetischen Inhaltes der Schrift, vielfach auch nur phantasiemäßige Ausmalung ihres Erzählungs-Stoffes. Wie frei hier der jüdische Witz waltete, mögen einige Beispiele beweisen. Im Midrasch Kohelet I, 7 wird das Wort „alle Flüsse gehen in das Meer" erstlich auf die Tora gedeutet, denn jene Flüsse „füllen das Meer nicht", wie diese, das Herz nicht füllt; zweitens auf alle Israeliten, denn jene „gehen in das Meer", diese strömen nach Jerusalem u. s. w.*) Im Midrasch Tanchuma (Jitro 8) und im Midrasch rabba (Bammidbar 7) heißt es, daß, als Israel aus Aegypten zog, die Engel des Dienstes vorher alle Blinden, Tauben und Lahmen geheilt haben. Woraus ersieht man, daß es keine Blinden gab? Ex. 20, 18. „Alles Volk gewahrte die Donner und die Flammen." Und daß es keine Tauben gab? Ex. 24, 3. „Alle Worte, die Jahve geredet hat, wollen wir thun." Keine Lahmen? Ex. 19, 17. „Sie stellten sich an den Fuß des Berges"**).

Gewissermaßen ist das zwar noch Auslegung; denn auch hier handelt es sich um Bearbeitung eines vorliegenden Textes, welcher den Ausgangspunkt für die haggadische Operation bildet. Aber nicht mehr in den pedantischen Geleisen der sieben Middot des Hillel, welche dann Rabbi Ismael auf dreizehn brachte, bewegte man sich hier steif und correct, sondern frei und zwanglos erging man sich in dem unabsehbaren Labyrinthe, in welches den Morgenländer sein Hang zu Phantasiebildungen, Wortspielen, witzigen Combinationen und frappanten Vergleichungen lockte. Nicht wenige dogmatische Vorstellungen und Begriffe des späteren Judenthums sind auf diesem Wege durch kühne Combination der disparatesten Stellen des Gesetzes und der Propheten entstanden. Aber die so entfesselte Phantasie ging rasch noch weiter, indem sie den ganzen alttestamentlichen Geschichtsstoff, namentlich die

---

*) Wünsche, Midrasch Kohelet 1880, S. 10 f.
**) Weber, S. 260.

Erzählungen von der Schöpfung, von den Erzvätern, von Moses mit jenen üppigen Sagengewinden umspann, welche schon in den apokryphischen und pseudepigraphischen Büchern des A. T., bei Philo und Josephus, theilweise auch im N. T. (vgl. z. B. Apostelg. 7) zu Tage treten. Hier erst hört die Tradition ganz auf, als Regulator thätig zu sein; wie Gras sprossen täglich neue Legenden (Haggadot) auf, und „es gab für den Forscher eigentlich nur eine Regel: das Recht, aus jeder Stelle machen zu dürfen, was Witz und Verstand ihm eingab"*). Kurz: hier ist die Auslegung „heiliger Schriften" erst ganz geworden, was sie in irgend welchem Maße immer ist: Einlegung.

Soweit nun am Ursprung des Christenthums überhaupt die Theologie betheiligt ist, soweit ist es zunächst eben diese in Palästina einheimische Methode, den Sinn der alttestamentlichen Schrift zu erheben. Dem menschlichen Geist scheint nun einmal das Gesetz auferlegt zu sein, auf religiösem Gebiete entscheidende Thaten nur wagen zu dürfen, indem er sich einer Illusion hingibt, die ihn als Sklaven erscheinen läßt, wo er doch in Wirklichkeit als Freier handelt. Nur die von der ganzen Zeitbildung gebotene Annahme eines tieferen, eines verborgenen Sinnes der Schrift ermöglichte es den ersten Gläubigen, in ihrem Meister den Messias zu finden, trotzdem daß sein Bild sich mit den direct und anerkanntermaßen messianischen Stellen des Alten Testamentes, die zumeist auf einen theokratischen König und Heidenbezwinger hinwiesen, nicht stimmte. Wenn nunmehr die christliche Gemeinde die Züge des leidenden Gerechten aus den Psalmen und aus Deuterojesaja in das Messiasbild übertrug, hat sie aus letzterem etwas durchaus Neues gemacht. Sie fand in dem Alten Testament Dinge, die dasselbe nicht oder höchstens keimweise enthielt, indem sie aus den prophetischen und poetischen Theilen Elemente der vollendeten Sittlichkeit und Religiosität zusammenlas, ein neues Ganzes daraus bildete und darin die wahre Erfüllung aller messianischen Hoffnungen früherer Geschlechter erblickte**). Insofern beruhten die neuen Maßstäbe, welche das Christenthum als eine in der Richtung, die vom Prophetismus gewiesen war, entwickelte, über das Judenthum hinausstrebende Religionsform für das Verständniß der Propheten und Psalmisten gewonnen hatte, auf einem Mißverständnisse der Auslegung. Aber diese Selbsttäuschung war die unerläßliche Vorbedingung einer der umfassendsten

---

*) Schürer, S. 285.
**) Vgl. A. Kuenen, De profeten en de profetie onder Israel 1875, II, S. 261 f. 273 f. 309 f.

und folgenreichsten Weiterbildungen des Menschheitsideales, für die dem classischen Alterthum mehr oder weniger unverständlich gebliebene Weihe des Schmerzes, für die definitive Versöhnung des Menschenherzens mit der Tragik des Daseins in dem, die alte Heidenkirche beherrschenden Anschauungsbilde einer leidenden und sterbenden Gottheit.

„Er fing an von Moses und allen Propheten und legte ihnen alle Schriften aus, die von ihm gesagt waren." In diesem legendarischen Zuge Luc. 24, 27 ist das ursprünglichste theoretische Interesse des Christenthums gekennzeichnet. Die ihm gestellte Lebensfrage hieß, ob der Messias als leidensfähig denkbar sei (Apostelg. 26, 23 εἰ παθητὸς ὁ Χριστός). Erst nachdem vermöge eines neu gefertigten Schlüssels diese Frage bejaht war, erschien die theologische Existenz des Christenthums gesichert. Nach dieser Sachlage ist die jüdisch-christliche Controverse auf ihrem Ursprungspunkt zu beurtheilen. Hier erscheint sie einfach nur als ein Durchgangs- und Wendepunkt in der Geschichte der Auslegung. Denn der Streit darüber, ob eine bestimmte historische Person, deren Schicksale notorisch waren, als Messias anzunehmen oder als Pseudomessias zu verwerfen sei, mußte angesichts einer Religionsurkunde, die jeglicher Deutung fähig, weil von allem Verständnisse ihrer eigenen historischen Bedingtheit verlassen war, sofort zu einem Aus- oder Einlegungsstreite werden. Und so beginnt denn die christliche Theologie thatsächlich mit einer immer schrankenloser geübten Ausbeutung des Alten Testaments. Der Nachweis, daß die Person, die Thaten, das Geschick des als Messias Gefeierten die wirkliche und pünktliche Erfüllung aller Weissagungen und Geschichten (sofern diese als Typen gefaßt wurden) des Alten Testamentes sei, füllt fast das ganze theoretische Interesse der alten Christenheit aus. Formell stehen die betreffenden Beweisführungen — man denke beispielsweise nur an Gal. 3, 16. 19. 4, 22—31. 1. Cor. 9, 9. 10. 10, 1—11. 11, 8—10. 2. Cor. 3, 7—18. Röm. 4, 9—24. 7, 2—4. 10, 6—8 — ganz auf gleicher Linie mit der exegetischen Methode, welche wir soeben unter dem Namen der Haggada kennen gelernt haben.

Aber auch noch in einer anderen Beziehung hätte das junge Christenthum mit dem Wortsinn des Alten Testaments, selbst wenn dessen Erhebung zu den erschwinglichen Aufgaben gehört haben würde, nichts anzufangen gewußt. In welch' einer widerspruchsvollen Lage befand sich doch schon Paulus, wenn er dasselbe Alte Testament zur Grundlage aller seiner Belehrungen und Beweisführungen erhob, welches im Gegensatze zu seiner eigenen Predigt von der Rechtfertigung aus dem

Glauben die Seligkeit an die Erfüllung der Gebote knüpfte! Nur völlige Beiseitesetzung des Wortsinnes bedeutete es, wenn er in den angeführten Stellen den Begriff des „Samens Abrahams" auf die Heiden ausdehnte, wenn er die von Sara stammenden Juden vielmehr durch die aus dem Vaterhause ausgestoßenen Nachkommen Hagars vorgebildet fand, wenn er die Decke auf dem Angesichte des Moses als Symbol für die dem Volke verdeckte Vergänglichkeit der Gesetzesreligion nahm, wenn er in dem Fluch, den das Gesetz über den Uebertreter verhängt, einen Beweis dafür sah, daß das Gesetz gar nicht Segen zu spenden bestimmt sei, oder wenn er die Gesetzesbestimmung, welche das Weib an den Gatten bindet so lange er lebt, dazu benutzte, um mit ihr die Abschaffung des Gesetzes für alle auf Christi Tod Getauften zu begründen. Ganz in der gleichen Lage wie Paulus selbst waren aber auch alle Gläubigen aus den Heiden, sofern sie in seiner Nachfolge die das Gesetz enthaltende Urkunde als göttlich anerkannten, die Ausführung desselben aber ablehnten. Die Antinomie ihrer ganzen Situation führte von selbst einer Auslegung zu, welche den Buchstaben grundsätzlich und von vornherein unschädlich machte*).

Von doppelter Seite wurde eine solche Rettung geboten. Auf der einen Seite ist es die genuin jüdische Methode der Haggada, welche keine Grenzen für den Spürsinn des Auslegers kennt. Dem auszulegenden Buchstaben wird in der altsynagogalen Theologie ein 3-, 5-, 24-, 49-, 70facher, kurz ein unendlicher, einem Ursprung aus dem Unendlichen entsprechender Inhalt zugeschrieben, wie denn auch die christliche Theologie seit Clemens einen zwiefachen, seit Origenes einen dreifachen, seit Augustinus einen vierfachen, thatsächlich je länger desto mehr einen unendlichen Schriftsinn kennt. Jedenfalls ist schon die älteste christliche Auslegung grundsätzlich und eingestandener Weise beflissen, in dem biblischen Wort „etwas Anderes, als was darin zum Ausdrucke kommt" (ἀλλ' ἢ ἀγορεύεται) zu finden, d. h. sie ist „allegorisch" (Gal. 4, 24) und, da jenes „Andere", dem nachgejagt wird, gewöhnlich der „Typus" ist (Röm. 5, 14), speciell „typologisch" (1 Cor. 11, 6. 11).

Diese Auslegung, die typisch-allegorische, war nun aber schon zuvor von dem hellenistischen Judenthum zu Alexandria zu dem Behufe ausgebildet worden, eine Weltanschauung im Alten Testamente niedergelegt zu finden, in welcher der speculative und ethische Ertrag der

---

*) Vgl. v. Soden, Jahrbücher für protestantische Theologie 1880, S. 480.

griechischen Philosophie sich mit den religiösen Errungenschaften Israels begegnen und decken sollte. Wie aber diese Spiritualisirung des Judenthums selbst nur den nachhaltigen Einfluß beweist, welchen die griechische Bildung und Philosophie auf das Judenthum der Diaspora ausübte, so waren auch speciell die Anweisungen für die hermeneutischen Wege, welche dieses Judenthum wandelte, von den Platonikern und Stoikern gegeben. Schon Plato hatte seinen Schülern die allegorische Auslegung der für wahr und heilig geltenden Gesänge Homers empfohlen, und den späteren Fortschritten der philosophischen Aufklärung entsprachen fortgesetzte Bemühungen, die alten Göttermythen, welche an sich bald thöricht bald blasphemisch schienen, auf demselben Wege in Einklang mit den neuen Errungenschaften der Vernunft und der Moral zu setzen. So wäre für den Stoiker Heraklitus Ponticus, den zur neutestamentlichen Zeit schreibenden Verfasser der „Homerischen Allegorien", Homer ein kindisches und verwerfliches, ja frevelhaftes Buch, wenn er in Wahrheit besagen wollte, was sein Wortlaut zu besagen schien. Da nun aber die Voraussetzung feststeht, daß Homer weder absurd noch verrucht, sondern göttlich ist, kann der Wortlaut seine wahre Meinung nicht ausdrücken; er muß vielmehr eine Hülle darstellen, die der Dichter selbst um seine Philosophie und Theologie gelegt hat. Die Lehre von der Allegorie behauptet also, daß der Wortlaut der betreffenden Schrift den wahren Gedanken des Autors nicht offenbart, sondern verhüllt, und daß für Letzteren die Sprache nicht Mittel ist, seine Gedanken auszudrücken, sondern nur geheimnißvoll anzudeuten ($\alpha\dot{\iota}\nu\dot{\iota}\tau\tau\varepsilon\sigma\vartheta\alpha\iota$). Zugleich erhellt, wie die allegorische Methode zu ihrem nothwendigen und selbstverständlichen Correlat die Theorie von dem übermenschlichen Charakter, mit Einem Wort von der Inspiration der betreffenden auszulegenden Schrift hat*). Denn nur weil das Postulat feststeht, daß die letztere unter allen Umständen absolute Wahrheit aussagen und daß z. B. Homer eine Art poetische Encyklopädie aller möglichen Wissenschaften enthalten muß, greift man zu jenem verzweifelten Mittel, ohne welches der Befund zu dem Postulat nicht stimmen würde.

Man hat den Homer „die Bibel der Griechen" genannt. Jedenfalls waren genau in dem Falle Heraklits angesichts seiner Homerischen Gesänge die alexandrinischen Juden, welche sich die griechische Philosophie angeeignet hatten, angesichts ihres Alten Testamentes. Daher sie

---

*) Vgl. R. Stähelin, Theol. Zeitschrift aus der Schweiz 1884, S. 330.

sich auch sofort das Schulkunststück der allegorischen Interpretation aneigneten. Der Buchstabe der Schrift gilt als directes Product des „heiligen Wortes" (ἱερός, auch θεῖος oder ὀρθὸς λόγος), so daß auf diesem Standpunkte jegliche Differenz der Verfasser einzelner biblischer Schriften verschwindet. Das heilige Buch ist nichts weniger als eine historische Urkunde. Das geschichtliche Leben, davon es zu reden scheint, ist vielmehr nur ein Traum, alle seine Personen sind allegorische Figuren. Die „Schrift" ist ein geschichtsloses Orakelbuch, Quelle nicht blos der religiösen, sondern überhaupt jeglicher Wahrheit. Alles, was Anspruch auf Geltung in der Welt der Gedanken erheben will, muß seine Berechtigung dazu aus dem Buchstaben der Schrift nachweisen. Andererseits darf dieser Buchstabe nichts enthalten, was keinen Anspruch auf solche Geltung zu erheben im Stande ist. Da nun aber dem Wortsinne nach nicht selten etwas Gottes Unwürdiges, d. h. mit dem platonisch-stoischen Gottesbegriffe Unvereinbares ausgesagt wird, und da überdies der pure Wortsinn oft jegliches Verstandes zu ermangeln, d. h. außerhalb der philosophischen Weltanschauung gelegen scheint, so ist derselbe zwar immerhin einiger Beachtung und Anerkennung werth; vollkommen gerecht wird man aber den Intentionen des übermenschlichen Autors der Schrift nur, wenn man sich die Worte recht genau ansieht, um unter ihrer Hülle den höheren Sinn als die Seele des Wortkörpers wahrzunehmen. So soll schon der alexandrinische Jude Aristobul gelehrt haben, was es mit dem Stehen Gottes, mit seinem Ruhen am siebenten Tage u. s. w. eigentlich auf sich habe. Dann hat der Aristeasbrief die mosaischen Speisegesetze in moralische Gemeinplätze verwandelt. Nachdem solcher Gestalt die hermeneutischen Grundsätze der Stoiker bereits mit den Auslegungsregeln der Haggada verbunden worden waren, hat endlich Philo diese von den alexandrinischen Juden geübte Exegese auf ein System gebracht und bestimmte hermeneutische Gesetze (κανόνες, νόμοι τῆς ἀλληγορίας)*) dafür aufgestellt, wobei allerdings charakteristisch ist, daß rationelle Bestimmungen nur über den Ausschluß des Wortsinnes gegeben werden, während Anweisungen zur Erhebung des Geheimsinnes nicht gegeben werden können, da dieser Geheimsinn eben „der Herren eigener Geist" ist**). Auslegungskanon für das Alte Testament war einfach die stoische Tugendlehre, welche eine fortlaufende Kette der ausschweifendsten Interpretationskünste in den Buchstaben der griechischen Uebersetzung hineinzugeheimnissen

---

*) Vgl. Siegfried, Philo von Alexandria 1875, S. 160 f.
**) Merx, S. 52.

hatte. So nur war es möglich zu beweisen, daß die Schlange die Luft, die hüpfende Heuschrecke die von der Last des Irdischen sich befreiende Seele, das Kameel, weil es das Wasser im Leibe bewahrt, das Gedächtniß ist; so nur konnte „das hellenische hohe Lied von der Macht des Geistes über die Materie und Sinnlichkeit und von der wahren Heimath der Seele" in die pentateuchischen Diät= und Polizeiregeln, in die prophetischen Volksreden, in die Sinnsprüche und Tempelgesänge des Alten Testaments hineingedeutet werden *). Damit aber auch hier die Traditionsmythologie nicht fehle, haben schon die alexandrinischen Juden, dann in ihrem Gefolge die Philosophen und Poeten Alles, was in Wirklichkeit ihren selbsterzeugten Eigenbesitz bildet, in uralter Zeit von Moses gelernt, beziehungsweise ihm entwendet und für sich annectirt!

Der Unterschied zwischen paläſtinischer und alexandrinischer Auslegungsmethode ist gleichwohl nur ein relativer. Schon beim Ursprung der letzteren ist auch die erstere betheiligt gewesen, und noch in ihrer philonischen Gestalt weist die Allegoristik eine weit gehende Uebereinstimmung mit der Haggada auf **), im Vergleiche mit welcher sie sich theilweise sogar strenger an den Wortlaut des Textes gehalten hat ***). Das Bewußtsein davon, daß etwas der Allegorie Analoges auch in Palästina vorkomme, verräth sich schon darin, daß Philo die allegorische Interpretationsmethode den Essäern beilegt, wie andererseits Josephus den Pharisäern. Jene aber waren die Theosophen des einheimischen Judenthums und aus diesen gingen die Schriftgelehrten und berufsmäßigen Exegeten desselben hervor.

Philo, welcher diese bewußt über die Erhebung des Wortsinnes hinausgehende Methode der Auslegung auf den höchsten Gipfel der Vollendung gebracht hat, hat auf die Auslegung, welche das Alte Testament im Neuen findet, wo möglich noch einen durchgreifenderen Einfluß geübt als die paläſtinische Hermeneutik †). Insonderheit kommen die philonischen Kanones der Schrifterklärung zur Anwendung im Hebräerbrief, sofern dieser den geschichtlichen Sinn da aufgibt, wo derselbe sich selbst zu widersprechen scheint (3, 11 f. 4, 8 f. 11, 13 f.), dem Stillschweigen, welches die Schrift über gewisse Dinge beobachtet, eine tiefere Bedeutung beimißt (1, 5. 13. 2, 16), es für erlaubt hält, jedes Wort im ganzen Umfang seiner Bedeutung in Betracht zu ziehen

---

*) A. Harnack, Lehrbuch der Dogmengeschichte I, S. 160.
**) Siegfried, S. 165. 168.
***) Vgl. Ritter, Philo und die Halacha 1879.
†) Siegfried, S. 303 f.

(8, 8 f.), die Namen als χαρακτῆρες δυνάμεων behandelt, deren symbolischen Gehalt die Etymologie darzuthun vermag*). „Im Hebräerbrief feiert die alexandrinische Auslegung ihren Triumph, geistvoller ist sie nie gehandhabt worden; was später folgt, ist geringer"**), eine Bemerkung, welche sofort auf den in jeder Beziehung an den Hebräerbrief sich anschließenden Barnabasbrief Anwendung erleidet***). So haben die Lehrer des apostolischen und nachapostolischen Zeitalters, indem sie ihrer Aufgabe, sich mit der Schriftautorität auseinanderzusetzen, zu genügen suchten, einfach den bereits gangbaren Weg der Typik und Allegorik beschritten und auf demselben nicht bloß im Allgemeinen ihren religiös-erbaulichen Tendenzen Genüge gethan, sondern auch neue Momente sowohl der evangelischen Geschichte als der christlichen Lehre entdeckt, z. B. um einen Punkt, da Beides zusammentrifft, zu erwähnen, die Jungfrauengeburt, welche aus der (falschen) Uebersetzung der Siebzig von Jes. 7, 14 gefolgert wurde†). Nur weil Jesaja sie geweissagt, nicht etwa, weil der Evangelist Matthäus sie berichtet, glaubt noch um die Mitte des zweiten Jahrhunderts der Märtyrer Justin daran. Aber er ist auch der erste Zeuge dafür, daß nicht mehr bloß das Alte Testament, sondern auch die Evangelien in den christlichen Gemeindeversammlungen zur Verlesung kamen; wir stehen am Anfange der Bildung eines neutestamentlichen Kanons, am Anfange der Geschichte neutestamentlicher Auslegung.

Vorher aber waren die heiligen Schriften der Juden allein oder doch fast allein das Palladium auch der neuen Religionsgenossenschaft gewesen. Nicht minder waren die Mittel, ihren Sinn zu erheben, sie zu erklären und auszulegen, dieselben geblieben wie in der alten Gemeinde. Nur das Resultat veränderte sich. Aber schon zuvor liefen ja auch bei den Juden die Ergebnisse der paläftinischen und die der alexandrinischen Auslegung darum weit genug auseinander, weil die materielle Differenz der theologischen Systeme, davon die formale Thätigkeit der Auslegung geleitet war, im Hintergrunde stand. Aehnlich wie die Rabbinen ihr entwickeltes Satzungswesen, wie die alexandrinischen Lehrer ihre Metaphysik und Ethik, so trug nunmehr die christliche Gemeinde ihre Messiaslehre direct in das Alte Testament über. Nur unter der Voraussetzung ist dieses also zur Geltung gelangt, daß es, ein

---

*) Siegfried, S. 323 f.
**) Merx, S. 56.
***) Vgl. Siegfried, S. 330 f.
†) Vgl. A. Harnack, S. 67 f. 79 f. 139 f.

Urevangelium des Heils, seinem ganzen Inhalte nach unmittelbar, ja im Grunde ausschließlich für die chriſtliche Gemeinde geſchrieben und von den Geheimniſſen ihres Glaubensinhaltes erfüllt ſei*). Dabei ſchließen ſich ſchon die erſten Lehrer der Kirche, beiſpielsweiſe Juſtin und Theophilus, vollends dann die großen Meiſter der alexandriniſchen Theologie, Clemens und Origenes an ihrer Spitze, alſo die Männer, mit welchen die Geſchichte der chriſtlichen Auslegung beginnt, ganz direct an die allegoriſchen Regeln des Philo an; Hilarius und Ambroſius aber führen dieſelbe Methode, philoniſche Schriften z. Th. wörtlich ausſchreibend, im Abendlande ein. Damals war längſt dem Alten Teſtament ein Neues als gleichwerthig zur Seite getreten. Mit dieſem verfuhr daher die katholiſche Chriſtenheit genau ſo, wie die vorangegangenen Generationen mit dem Alten verfahren waren. Wie dieſe aus Geſetz und Propheten ihren Chriſtus herausgeleſen haben, ſo las die kirchlich entwickelte Chriſtenheit aus Evangelien und Brieſen der Apoſtel die Kirche ſammt ihren Satzungen und Dogmen heraus, interpretirte die Kirche ihre eigenthümliche Auffaſſung des Chriſtenthums in das Neue Teſtament hinein**). Und zwar ganz auf dem nicht mehr ungewöhnlichen Wege. Daß den altteſtamentlichen neuteſtamentliche Schriften mit dem gleichen Anſpruche auf kanoniſche Geltung an die Seite rückten, iſt nur ein anderer Ausdruck für die Thatſache, daß auch auf die letzteren die Inſpirationstheorie und eben damit auch die allegoriſche Auslegung Anwendung fand. „Eine Schrift kanoniſiren hieß damals überhaupt nichts Anderes, als ſie zum Object derjenigen Exegeſe machen, welche darin Alles, was die Kirchenlehre brauchte, zu finden geſtattete"***). Indem man den hiſtoriſchen Sinn dieſer Schriften grundſätzlich verdunkelte und das Gedächtniß an ihren urſprünglichen Zweck dem Untergang weihte, ſicherte man ihnen ſelbſt dieſelbe Werthung von Seiten der Kirche, welcher ſich die altteſtamentlichen Schriften im Bewußtſein der Synagoge erfreuten†). Propheten haben das Alte, Apoſtel das Neue Teſtament geſchrieben; Apoſtel und Propheten zuſammen aber machen die Kategorie der „Geiſtesträger", der inſpirirten Gottesmänner aus, deren Correlat der dogmatiſche Begriff des heiligen Geiſtes iſt††). Damit zerfiel für die Auslegung aller

---

*) A. Harnack, S. 106. 120 f.
**) A. Harnack, S. 291.
***) Overbeck, Zur Geſchichte des Kanons 1880, S. 39. A. Harnack, S. 276.
†) Overbeck, S. 49.
††) A. Harnack, S. 289.

und jeder Zusammenhang in den heiligen Texten; die letzteren bestehen vielmehr gerade aus so vielen selbständigen Orakeln, als sie Sätze oder Verse zählen. Daher auch von Anfang an dieselbe rein atomistische Benutzung der neutestamentlichen wie zuvor schon der alttestamentlichen Schriften; und zwar gilt dies von der Gnosis, welche zuerst neutestamentliche Exegese in größerem Umfange betrieben hat, so gut wie von der kirchlichen Theologie, die sich auch in dieser Beziehung nur eines gemäßigteren, nicht aber eines grundsätzlich verschiedenen Verfahrens befleißigte.

Die Geschichte der Exegese hat nun einfach zu zeigen, wie das Problem der Auslegung, welches man so zu sagen mit unsicherem Schwerpunkt auf den Kopf gestellt vorfand, im Laufe der Zeiten umgedreht und in die natürliche Lage gebracht worden ist. Die Kanonisirung des Alten wie des Neuen Testaments hat nämlich nicht blos einen auf viele Jahrhunderte, um nicht zu sagen Jahrtausende wirkenden Schatten auf den ursprünglichen und geschichtlichen Sinn jener Schriften geworfen, sie hat andererseits dieselben Schriften auch wieder zum Gegenstande der Forschung in hervorragendem, ja einzigartigem Maße erhoben und die Bedingungen für ein tiefgehendes Studium derselben in immer größerem Umfange geschaffen. Sie hat einen Proceß ins Leben gerufen, welcher nur mit der Aufhebung der ursprünglich treibenden Kraft enden kann. Der erste Stoß gegen letztere, welcher auf die nüchterne Exegese der antiochenischen Väter zurückzuführen ist, blieb auf die Dauer wirkungslos; der zweite, welchen das Dringen der Reformatoren auf den Wortsinn gab, brachte das althergebrachte System wenigstens ins Schwanken, wenn gleich die Principwidrigkeit, womit von den beiden Correlaten das eine, die allegorische Erklärung, verurtheilt, das andere, die Inspirationslehre, festgehalten, ja gesteigert wurde, es zu keiner gesicherten Uebung des Geschäftes der Auslegung kommen ließ. Der dritte Stoß kam von Seiten der modernen Philologie, die seit einem Jahrhundert unter dem Namen der „grammatisch-historischen Auslegung" in die Theologie eingedrungen und wenigstens in allen ehrbaren Schichten derselben zur Durchführung gelangt ist. Eine neue Tradition hat die alte besiegt, aber eine solche, welche bewußt und eingestandenermaßen das ist, was die alte nur in günstigen Fällen, und dann unbewußt, war: eine Tradition des Forschens, nicht aber des angeblichen, nur auf dem Wege einer Fiction vorstellbar gemachten, unmittelbaren Wissens. So wie die indischen Veden heutzutage von den europäischen Orientalisten richtiger verstanden werden, als dies den indischen Commentatoren gelungen war, welche in Besitze einer unmittelbaren Kunde zu sein wähnten, als sie im 13. Jahrhundert unserer Zeitrechnung den Anfang zu einer gelehrten Behandlung der Religionsbücher machten, so ist auch der Inhalt der jüdischen und christlichen Religionsurkunden von solchen Forschern der Gegenwart, welche sich zu ihrem Inhalte ganz objektiv zu stellen vermochten, zu adäquaterem Verständnisse gebracht worden, als dies den Kirchenvätern und katholischen wie protestantischen Scholastikern der Vergangenheit möglich sein konnte, deren Hülfsmittel unvergleichlich geringere waren, deren Urtheil ein befangeneres z. Th. auch gerade deßhalb gewesen ist, weil ihre allgemeine Weltanschauung derjenigen der biblischen Schriftsteller noch verwandter war, als dies von dem philosophisch, geschichtlich, naturwissenschaftlich geschulten Bewußtsein der heutigen Exegesen gelten kann. Eine billigen Anforderungen entsprechende Geschichte der Auslegung müßte daher auch allen denjenigen Einflüssen Rechnung tragen, welche auf die Umgestaltung der antiken Weltanschauung in die moderne zurückweisen. Tantae molis erat Romanum condere regnum, d. h. in diesem Falle: so mannigfacher und complicirter Vermittelungen bedurfte es, um dem, im Grunde selbstverständlich erscheinenden Satze Geltung zu schaffen, daß man ein Schriftwerk der Vergangenheit nicht etwa dann erst recht versteht, wenn man dabei nach etwas dem Bewußtsein seines Urhebers Transcendentem sucht, daß vielmehr die Aufgabe aller hermeneutischen Kunst nur darin bestehen kann, das betreffende Schriftstück so zu verstehen, wie einerseits die ersten Leser es verstehen mußten, andererseits der Autor selbst es gemeint hatte. Wo jenes erreicht ist, da ist annähernd richtiges, wo dieses, da ist ein adäquates Verständniß vorhanden.

Die Universitätsbotenanstalten des Mittelalters.

Von
A. von Kirchenheim.

Wenn der Schreiber dieser Zeilen als derzeitiger Secretär des Heidelberger historisch-philosophischen Vereins und als Veranlasser vorliegender Festschrift dieselbe nicht in die Welt gehen lassen möchte, ohne den vielseitigen und tiefen Aufsätzen auch seinerseits einen bescheidenen Beitrag hinzuzufügen, so bedarf dies einiger Entschuldigung. Denn er ist seines Zeichens Lehrer des gegenwärtigen Rechtes und nicht Historiker und er vermag nur aus einem ziemlich weitab gelegenen Specialgebiete etwas mitzutheilen: so verhalten sich die folgenden Seiten zu den vorhergehenden, wie die auch in den Sitzungen des Vereins üblichen „Mittheilungen" zu den dort gegebenen „Vorträgen".

Keinen Zweig der Wissenschaft gibt es, der nicht aus geschichtlicher Forschung neue Nahrung zu ziehen vermöchte: es handelt sich aber für den wahren Historiker darum, nicht an Einzelheiten zu haften, sondern diese in ihrer Verkettung mit dem ganzen Culturleben zu erfassen. Wollen wir irgend eine Erscheinung einer Periode, sei es in Recht oder Wirthschaft, Wissenschaft oder Kunst, verstehen, so müssen wir versuchen, uns nicht nur in den Geist, sondern vor Allem in die Bedürfnisse des alltäglichen Lebens jener Zeiten zu versetzen. Wer nun irgend ein Sondergebiet näher kennt, und zugleich von dem hohen Werthe und dem bedeutenden Interesse wahrer Geschichtswissenschaft überzeugt ist, dem darf es nicht schwer fallen, etwas herauszugreifen, was den Fachgenossen aus dem Engeren und aus dem Weiteren einige Anregung bieten kann. Da sei nun hier die Aufmerksamkeit des Lesers auf kurze Zeit erbeten für eine höchst eigenartige Einrichtung des mittelalterlichen Universitätslebens, welche in ihrer culturellen Bedeutung nicht genügend bekannt ist und über welche zu berichten Verfasser durch seine früheren Arbeiten*) befugt sein dürfte: für die **mittelalterlichen Universitätsbotenanstalten****). Die Geschichte des Verkehrswesens, in welcher dieselben eine wichtige Stelle einnehmen, ist ein bedeutsamer Zweig der Geschichte der Cultur und der staatlichen Verwaltung, aber, vielleicht gerade, weil beide Gebiete berührend, nicht genügend erforscht. Mit Ausnahme des jetzt seltenen classischen Geschichtswerkes des damaligen Königlichen Postrathes Stephan gibt es nur wenige auf wissenschaftlichen und archivalischen Quellen beruhende Schriften***). Mehr fast als die Historiker haben die Männer der Verwaltung und die Staatsrechtslehrer, und zwar gerade die bedeutendsten, man denke an Conring, Moser, Pütter, Klüber — ihre Aufmerksamkeit diesem Zweige der inneren Verwaltung zugewendet †).

Wer heute den gewaltigen Postverkehr betrachtet, wird kaum daran denken, daß es eine Zeit gab, in welcher eine nahe Beziehung, ja eine

---

*) Für den Nichthistoriker und Nichtjuristen seien u. A. hervorgehoben: Kirchenheim, Entwickelung des Postwesens in der allgemeinen konservativen. Monatsschrift XLI. S. 595, und ebenda XLIII. S. 327, desselben Artikel in Holtzendorffs Rechtslexikon III. 92. 109. 863 ff. (woselbst S. 114 Literaturangaben), in Schmollers Jahrbuch N. F. II. 745. III. 687 (und ebenda Berichte über die neuere Literatur N. F. III. 260. IV. 46. V. 421. VI. 793. VII. 732. VIII. 718. X. 614) und in der Revue de droit international XII. 465. XIII. 342. XIV. 616. XVIII. 93.

) Die Specialliteratur ist gering; hervorgehoben sei: **Meiners, Geschichte der Universitäten II. S. 354. Bulaei (Dubulay), historia universitatis Parisiensis etc. desgl. ed. Crévier, I. 261. II. 137. IV. 442. VI. 354. und Register, s. v. Messagers. **Matthias**, über Posten (1832) Bd. II. **Rothschild**, histoire de la poste. 2. Aufl. 1873 (nicht sehr gründlich) S. 88 ff. 130. **Hautz**, Geschichte der Universität Heidelberg, I. 150. Die reichhaltigste monographische Arbeit ist die des auf dem Gebiete der Verkehrsgeschichte bekannten sehr thätigen Schriftstellers **Löper** in der Union postale. IX. Nr. 8—10 in deutscher, französischer und englischer Sprache. Vgl. auch das in der folgenden Note citirte pseudonyme Werk S. 80.

***) **Stephan**, Geschichte der preußischen Post. 816 S. Berlin 1859. — **Verebarius**, das Buch von der Weltpost. Berlin 1885. (Der Kenner kann nicht zweifelhaft sein, daß sich unter diesem Pseudonym ein sehr hervorragender Fachmann verbirgt: daß das Werk illustrirte Beilagen hat, könnte nur Nichtkenner täuschen.)

†) H. **Conring**, de antiquitatibus academicis 1674. J. J. **Moser**, Staatsrecht V. II. 78 § 173. **Pütter**, Erörterungen des Staats- und Fürstenrechts I. 31. u. a. m., besonders aber **Klüber**, Postwesen. Erlangen, Palm 1811.

gewisse Gemeinsamkeit zwischen Post und Universität bestand. Und doch wird bei einiger Erwägung klar werden, daß gerade in den Universitätsstädten das Bedürfniß nach einer Anstalt zur Nachrichtenbeförderung schon vor Entstehung regelmäßiger Posten stark hervortreten mußte. Wie diesem Bedürfnisse genügt wurde, sollen die folgenden Seiten zeigen. Die Einrichtung, die damit auftaucht, ist eine halb vergessene, längst entschwundene, aber auch diese Culturbestrebung ist, wie andere auf allen Gebieten, mit dem Hinsinken in die Tiefe der Vergangenheit nicht verloren, und wir werden sehen, daß in den Universitätsbotenanstalten, so mangelhaft sie von unserm Standpunkte aus erscheinen, wenigstens eine jener Wurzeln liegt, aus denen das moderne Postwesen herausgewachsen ist.

Das Mittelalter zeigt auf den verschiedensten Gebieten ein Zurücktreten staatlicher Thätigkeit. Welch eine unendliche Fülle schöpferischer Kräfte, aber zersplittert in tausend Armen und Aesten! Wo uns heute geordnete Verwaltung des machtvollen Staates entgegentritt, zeigt uns das Mittelalter, wie die Aufgaben gesellschaftlicher Wohlfahrt von einzelnen Verbänden wahrgenommen werden. Die Markgenossenschaften sorgen für das, was heute landwirthschaftliche Verwaltung heißt, die Zünfte für das Gewerbewesen, die Städte für Sicherheits- und Ordnungspolizei, die Kirche für Armen- und Heilwesen, Erziehung und Unterricht. Ja man darf sagen, daß Manches, was heute Staatssocialismus genannt wird, auch in jenen Zeiten sich findet; aber diese Ideen werden nicht vom Staate, der überhaupt erst im Werden begriffen, sondern von den so üppig wuchernden Genossenschaften getragen.

Dieselbe Erscheinung zerstreuter Elemente ohne einheitliches System tritt uns auch auf dem Gebiete des Verkehrswesens entgegen. Das Alterthum hatte in seiner letzten Periode eine entwickelte, höchst centralisirte Staatspost gehabt, ausschließlich für die Zwecke des Staates hergestellt und unterhalten, den cursus publicus, der wie alle Verwaltungseinrichtungen der späteren Kaiserzeit durch einen umfangreichen Codex strafgesetzlicher Bestimmungen geschützt ist*). Ganz im Gegensatz zu dieser einheitlichen Staatspost zeigt das Mittelalter ein ungemein vielgestaltiges Verkehrsleben, das sich aus Hunderten verschiedener Botenanstalten zusammensetzt. Das Bedürfniß nach Austausch von Nachrichten und Gütern ist immer vorhanden. Nichts war natürlicher, als daß die einzelnen Kreise, in denen jenes Bedürfniß besonders

---

*) Cod. Theodos. V. 8.

empfunden wurde, zu deſſen Befriedigung ſchritten. Wir finden daher die Anſätze eines Poſtweſens nicht im Reiche und nicht in den Landesstaaten; nein, die erſten Beſtrebungen dieſer Art gingen aus von den Brennpunkten geiſtigen Lebens und von dem Mittelpunkte der Induſtrie und des Handels. Wohl unterhielten auch die Höfe und die Gerichtsbehörden eigene Verbindungen durch Boten*), bringender aber als für ſie war das Bedürfniß für andere Kreiſe. So ſeien nur erwähnt die Kloſterboten, welche oft regelmäßig zwiſchen Bisthümern, Abteien, Klöſtern verkehrten**), insbesondere aber die Einrichtungen des deutſchen Ordens, der durch die raſche Ausdehnung des Ordensgebietes und die Entlegenheit vieler Komthureien in die Nothwendigkeit verſetzt war, einen ſchnellen und ſichern Verkehr zwiſchen dem Ordenslande, dem Hauptordenshauſe und den einzelnen Ordensämtern herzuſtellen und die erſten wohleingerichteten Poſtanſtalten in Deutſchland ins Leben rief***).

Ebenſo wie hier gingen in einzelnen Theilen Deutſchlands aus einem Sonderbedürfniſſe die bekannten Metzgerpoſten hervor, welche eine bedeutende Rolle ſpielten und z. B. im Württembergiſchen bis ins 17. Jahrhundert ſich erhielten. Die Metzger, welche Pferd und Wagen beſaßen, und ihre Geſchäftsreiſen auf weite Entfernungen ausdehnten, erſchienen als erwünſchte Vermittler des Nachrichtenverkehrs, ſo daß vielfach mit ihnen beſondere Verträge abgeſchloſſen wurden und ſo ſich eine förmliche Poſtanſtalt herausbildete. Daneben aber erſcheint ſchon frühe, da doch auch dieſe Anſtalten trotz ihrer ganz allgemeinen Benutzbarkeit nicht ausreichten, das Städtebotenweſen: ſchon in der Ord=

---

*) Zeugniß dafür die Verordnungen Ludwig des Frommen (823) und die Berichte Gregors von Tours historia Francorum IX. 9. Vgl. Beredarius S. 78.

**) Das Berliner Poſtmuſeum beſitzt einen Botenzettel, auf dem in ziemlich umſtändlichen Formeln einem von der Benediktinerabtei zu St. Lambert in Oberſteyermark im Jahre 1501 abgeſandten Kloſterbruder von Kloſter zu Kloſter die richtige Beſtellung ſeiner Botſchaft beſcheinigt wird. Vgl. auch Klüber, Poſtweſen S. 10. „Nicht leicht ſah man einen wandernden Mönch ohne Brieffack."

***) Bereits 1276, gleich nach der Einweihung der Ordensmeiſterburg war vom deutſchen Orden eine Art Poſtanſtalt ins Leben gerufen. Selbſt bis in die kleinſten Einzelheiten kann der näher mit dem Gange unſerer heutigen Poſtverwaltung Vertraute geradezu überraſchende Vergleiche finden und ſich von dem Einfluß, welchen die damaligen Einrichtungen auf das ſpätere Poſtweſen geübt, durch einen Einblick in die in den Archiven in Königsberg befindlichen Originalſchriften und Rechnungen des vormaligen Hauptordenshauſes in Marienburg überzeugen. Matthias, Ueber Poſten I. 153. (Die bekannten Werke von Voigt und Ewald laſſen in dieſer Richtung zu wünſchen übrig.)

nung der Stadt Straßburg i. E. aus dem 12. Jahrhundert wird die Verpflichtung der Stadt, dem Bischof 24 Boten zu stellen (das feudum portandi litteras), genau erwähnt, in Breslau ist eine Botenordnung vom Jahre 1573, in Frankfurt a. M. eine solche von 1385 vorhanden. Alles dies waren Anstalten, die oft zu festerer Gestaltung, seltener zu allgemeiner Bedeutung gelangt waren, auf Grundlage tiefergewurzelter Verkehrsbeziehungen oder dauernder Bedürfnisse erwachsen.

Wie natürlich war es nun, daß bei Gelehrten wie Studirenden ebenfalls das Bedürfniß nach einer guten Nachrichtenbeförderung sich geltend machte. Die Gelehrten wünschten oft Gedankenaustausch, und es ist ja bekannt, wie heutzutage ebenfalls die wissenschaftliche Correspondenz eine sehr große ist. Lassen Sie mich das mir nächstliegende Beispiel herausgreifen. Die rein wissenschaftliche Correspondenz des Verfassers als Redacteur des „Centralblattes für Rechtswissenschaft" belief sich in den letzten vier Jahren auf 5656 Nummern, ungerechnet die reinen Privatbriefe und Privatdrucksachen, durch deren Zahl sich die Durchschnittsziffer eines Jahres etwa auf 1850 stellen würde. Gewiß aber ist auch im Mittelalter der Meinungsaustausch ein regerer gewesen, als man gewöhnlich annimmt. Es bildete sich daher ein eigener Stand aus, der der zünftigen Boten, die auf eigene Kosten Briefschaften besorgten. Wohlhabende Gelehrte hielten sich wohl ihren eigenen Boten. So wird von Erasmus von Rotterdam berichtet, daß er stets wenigstens einen eigenen Boten hielt, den er mit der verhältnißmäßig hohen Summe von 60 Goldgulden jährlich bezahlte.

Man muß beachten, daß diese Art des Gedankenaustausches sehr viele Schattenseiten hatte. Viele Unregelmäßigkeiten kamen vor, die Boten wurden nicht selten angegriffen und beraubt, vor Allem aber zu Unterschlagungen verführt, da man häufig auf irgend eine Aeußerung eines gelehrten Mannes hohen Werth legte. Dies scheint mir der eine beachtenswerthe Punkt: der andere ist wohl einfach das Bedürfniß des Studirenden: „Il falloit bien que des étudiants transportés en terre étrangère eussent des personnes de confiance par qui ils entretinssent correspondance avec leurs familles pour en tirer les secours dont ils avoient besoin"*). Die Universitäten vereinigten in sich viele Söhne guter Familien, diese Studenten konnten sich keine eignen Boten halten und wünschten doch offenbar an ihre Familien zu schreiben, sowie von ihnen die nöthigen Hülfsmittel höchst regelmäßig

---

*) Crévier, I. 261.

zu erhalten. Wer da weiß, wie oft auf dem Postamt Heidelberg Postanweisungen reclamirt werden, die überhaupt noch nicht abgesendet sind, wird keine Erläuterung verlangen. So war es auch hier das unmittelbare Bedürfniß des täglichen Lebens, das eine derartige Einrichtung hervorrief. „Erst die Post, dann die Universität" telegraphirte unser Reichskanzler lakonisch bei dem Streite um ein Gebäude Anfangs 1871 nach Straßburg: hier hieß es, ohne Botenanstalt kein Universitätsleben. Schon sehr frühe wird den Hochschulen das Recht gegeben, eigene Botenanstalten ins Leben zu rufen. Die Stiftungsurkunden bezw. die älteste Geschichte der verschiedenen Universitäten bestätigen uns das Bestehen solcher Anstalten in den frühesten Zeiten.

Diese Boten hatten zunächst keinen anderen Beruf, als den: für ein bestimmtes Briefträgergeld den Briefwechsel zwischen den Studirenden und ihren Verwandten zu besorgen. Am berühmtesten ist die Botenanstalt der Universität Paris geworden. Schon frühe erhielt diese Hochschule die Erlaubniß, Boten zur Beförderung von Briefen, Geldern, Packeten für die Studirenden zu halten. Bereits 1297 findet eine urkundliche Erwähnung derselben statt. Die Boten waren nicht Beamte der Facultäten, sondern der Landsmannschaften (officiers des nations et non pas des facultés). Jede Landsmannschaft nahm den Boten in Eid und Pflicht, so daß man sie auch als nuncii jurati bezeichnet. Es waren erprobte und zuverlässige Leute, welche dem Rector und Syndicus einer jeden Landsmannschaft über ihre Reisen Rechenschaft ablegen mußten. In Anbetracht der außerordentlichen Dienste, welche sie Lehrenden und Studirenden leisteten, gewährte man ihnen vielfache Privilegien.

Bereits in der Authentica „Habita" Friedrich I. von 1158 heißt es:
ut ad loca in quibus literarum exercentur studia tam ipsi quam eorum nuntii veniant et in eis secure habitent,
wobei das Wort „nuntii" allerdings nur in dem unten zu erörternden weiteren Sinn gemeint sein dürfte. Ein feierliches Decret Philipp des Schönen von 1297*) erwähnt ausdrücklich die Vorrechte der „Messagers", woraus man schließt, daß solche schon länger bestanden, und Ludwig X. bestätigt 1315 die von seinem Vorgänger gewährten Privilegien:
Concedimus et volumus quod omnes et singuli de quacumque Regione vel Natione oriundi, de ejusmodi corpore Universitatis existentes et esse volentes ad eam excedere, morari, redire et se, nuncios resque suas ubilibet transferre

---

*) Crévier, II. 137.

pacifice et libere absque ulla inquietatione possint. (Bulaei, Histor. Universit. Paris 1665—73. IV, p. 171.)
In der Bulle Gregor IX. von 1233, betreffend die Errichtung der Universität Toulouse, sowie in der Bulle Nicolaus IV., betreffend die Gründung der Universität Lissabon, finden sich Clauseln, welche die Verpflichtung der weltlichen Großen enthalten, den Boten Sicherheit und Gerechtsame zu gewähren. In Paris waren die Boten unter sich als besondere Brüderschaft vereinigt und hatten den heiligen Carolus als Schutzpatron*).

Erst in späteren Zeiten erwuchs den Universitätsboten eine Concurrenz in den messagers royaux: aber man bot Alles auf, um sich die verschiedenen Freiheiten und Vergünstigungen zu erhalten. Die Freiheiten und der Schutz, deren sich die Universitätsbotenanstalten erfreuten, waren der Anlaß, daß auch Privatpersonen sich derselben bedienten. Damit gewann die Einrichtung immer mehr Vervollkommnung und Verbreitung; aus verschiedenen Proceßberichten können wir entnehmen, daß die Boten bald nicht mehr, wie zuerst, Fußboten, sondern mit Pferd und Wagen ausgerüstet waren: so handelt es sich z. B. in einer Streitsache zwischen der Landsmannschaft der Normannen und dem Bischof von Lisieux aus dem Jahre 1368 um die Wegnahme des Pferdes eines Boten der genannten Landsmannschaft**). Mehr und mehr werden diesen Boten auch andere Briefe übergeben und z. B. (17. Juni 1539) ausdrücklich bestimmt, daß sie zur Bestellung von Proceßacten ꝛc. benutzt werden sollten. Daher konnten diese Anstalten sich auch neben den sogenannten Posten erhalten, welche Ludwig XI. durch das berühmte „Edit pour l'Etablissement des Postes" vom 19. Juni 1464 ins Leben rief. Daß diese Einrichtung keine entfernte Aehnlichkeit mit unsern modernen Posten hat und eher dem römischen cursus publicus ähnelt, bedarf für den Fachmann heute keiner Erörterung mehr.

Ursprünglich vergab die Stadt Paris das Amt der Boten umsonst und das Porto floß in die Universitätskasse. Eine geringfügige Gebühr wurde für die Ausfertigung der Bestallung entrichtet und unter Rector und Decan vertheilt. Später wurden erhebliche Beträge verlangt und die

---

*) Letzterer Umstand veranlaßte die in der Verkehrsliteratur häufiger auftretende aber durch nichts beglaubigte Anschauung, als sei Karl der Große Stifter der Pariser Universitätspost gewesen, vgl. Veredarius S. 80.
**) Crévier, IV. 462.

Aemter förmlich verkauft. Um Mißbräuchen entgegenzutreten, wurde sodann bestimmt, daß ein Bote der Nation nur in voller Versammlung gewählt werden dürfe.

Der Umstand, daß vielfach Gerichtsacten und andere wichtige Schriftstücke immer noch durch die Gerichtsschreiber selbst oder Private gegen billigere Entschädigung befördert und dadurch Erpressungen und Verzögerungen herbeigeführt wurden, veranlaßte das Edict Karls IX. vom November 1576, wonach an den Sitzen der Hauptämter königliche Boten angestellt werden sollten. Ausdrücklich wird bestimmt, daß diese Boten dieselben Privilegien wie die Universitätsboten haben sollten. Es gelang nicht, Käufer für die neuen Botenämter zu finden, so daß 1582 bestimmt wurde, auch die Universitätsboten sollten Bestallungsbriefe des Königs nachsuchen. Dies trat jedoch in nächster Zeit noch nicht in Kraft, vielmehr bestätigte insbesondere Heinrich IV. alle bisherigen Privilegien:

„Considérant les grands et excellents biens qui sont advenus au temps passé à notre Royaume de par notre dite Fille, tant à cause de l'entretenement et exaucement de la Foy Catholique, que de la Doctrine et Lumière de Science diffuse et épanduë, non pas seulement par tous les Royaumes Chrétiens, mais aussi ès pays et Nations des Infidèles et Mécréans, où ladite Université est louée et honorée; et désirant favorablement traiter lesdits Exposans, et les conserver et maintenir en tous et chacuns leursdits Privilèges, avons dit et déclaré, disons et déclarons par ces Présentes, que suivant iceux Privilèges, tous Messagers Jurez, de quelque lieu qu'ils soient, qui ont été par eux pourvûs, joüiront pleinement et paisiblement desdits Offices ensemble de tous les Privilèges par nosdits Prédécesseurs Rois octroyez et par Nous confirmez, sans qu'ils soient troublez et empêchez, pour quelque cause et occasion que ce soit, ni être contraints nous payer aucune finance, en vertu dudit Edit auquel n'avons entendu, comme encore n'entendons que lesdits Messagers Jurez soient compris, et les en avons exceptez et réservez, exceptons et réservons par ces Présentes : Voulons et très expressément ordonnons, que si aucun desdits Messagers par eux pourvûs, ont été contraints payer aucune finance, en vertu de notre Commission, que les deniers par eux payez leur soient rendus, et à ce faire contraints ceux qui les auront reçus, par toutes voyes dûës et raisonnables."

Aber trotz aller dieser und noch späterer Bestätigungen war das Institut jetzt im Rückgange begriffen. Zwar suchte die Universität ihre alten Rechte gegenüber den fortschreitenden Verkehrsmitteln zu wahren. Es scheinen dabei pecuniäre Fragen stark ins Gewicht gefallen zu sein. Wenigstens wurde 1632 der Beschluß gefaßt, die Boteneinrichtung zu höheren Summen zu verpachten, um dadurch Mittel zur Berufung bedeutenderer Kräfte zu erlangen*). Einige Jahre darauf wurde von der Regierung der Versuch gemacht, dieses Recht abzulösen. Aber sowohl die zuerst gebotene Summe von 12 000, wie die späteren von 30 000 und 90 000 Livres wurden zurückgewiesen. Es folgte eine Zeit der Ungewißheit, und zugleich zahlreicher verwickelter Processe, bis Ludwig XIV. die Posten als Regal erklärte und das Universitätsboten=wesen mit der Staatspost vereinigte. Im Princip wurde das Monopol der Universität am 5. Dec. 1643 aufgehoben. Diejenigen, die das Staats=postwesen pachteten, mußten in die Verträge mit der Universität ein=treten, und derselben eine jährliche Entschädigung von 47 695 Livres 10 Sols zahlen. Ein Theil dieser Einnahmen sollte „être appliquée à l'adoucissement du sort des Régents de l'art", deren Gehalt ein höchst unzureichender war**). Nach mannigfachen Eingaben erreichte die Universität unter der Regentschaft, daß ihr der 28. Theil des Gesammt=ertrages, welcher im Pachtwege vorgesehen war, zugewilligt wurde. Der dies bestimmende Beschluß vom 14. April 1719 gibt eine inter=essante, kurzgefaßte Geschichte dieses Vorrechtes der Universität und eine Uebersicht der erzielten Pachteinnahmen. Rollin, b. Z. Rector, dankte dem Regenten in einer lateinischen Rede, welche seinen Werken einverleibt ist. Bis 1788 wurde der Betrag an die Universität gezahlt, dann aber zur Staatskasse eingezogen.

Wenn wir damit in großen Zügen die Geschichte der Pariser Universitätsboten entworfen haben, so müssen wir noch auf einen Punkt aufmerksam machen. Es kann wohl natürlich erscheinen, daß die Privi=

---

*) Seit etwa 1630 bildeten die Messageries einen bestimmten Fonds für die Facultät der Künste. Dieselbe sollte ihre Posten aber nur an die Pächter der königlichen Posten verpachten. Ueber die Einnahmen aus den Messageries der Universität giebt gründliche Auskunft: Duboullai, de patronis quattuor Nationum Universitatis S. 171 ff.

**) Rothschild, histoire de la poste. S 130.

legien welche den Boten gewährt wurden, für manchen biederen Bürger verlockend genug waren, um sich zu einem solchen Amte zu melden: Befreiung vom Wachtdienst, freie Einfuhr von Wein und dergleichen mehr wurde gewährt. So kam es, daß man von vornherein jene Vorrechte zu erlangen suchte, ohne die Bemühungen des Amtes selbst übernehmen zu wollen. Wir finden schon in den allerältesten Zeiten zwei ganz streng auseinander zu haltende Gruppen von Boten erwähnt: die grands messagers, Magni nuncii und die parvi viatores, petit messagers, messagers volants. Während nur die Letzteren wirkliche Briefboten waren, nahmen die Ersteren eine ganz eigenartige, mehr familien- und vermögensrechtliche Stellung ein. Sie waren das, was die, die Gründung der ersten Staatsuniversität betreffende Urkunde, der Stiftungsbrief für Neapel von 1224 treffend als foeneratores bezeichnet*). Da bei der oft weiten Entfernung von den Eltern die Studenten nicht selten in Geldverlegenheit geriethen, bestellte man, damit jene nicht den Wucherern in die Hände fielen, angesehene Männer, welche den Studirenden Gelder gegen Pfand oder Bürgschaft vorstrecken mußten. Auf die Rückzahlung sollte nicht gedrungen werden; dagegen sollten die Studenten schwören, daß sie Neapel nicht verlassen würden, ehe sie ihre Gläubiger befriedigt hätten. Auch in Paris und an anderen Universitäten kommen solche Großboten vor, welche berufen waren, in pecuniärer Hinsicht Vaterstelle zu versehen. Für diese Pflicht erhielten sie den gesuchten Titel des Magnus Nuntius, den Schutz der Universität, das Recht an Processionen theilzunehmen, Freiheit vom Wachtdienst, vom Weineingangszolle 2c. Vermuthlich müssen die Vorrechte die Pflichten überwogen haben, da uns berichtet wird, daß 1440 die Pariser Bürger bei der Chambre des aides über die zunehmende Zahl der Großboten Beschwerde führen. Im März 1483 wird von Karl VIII. nach langen Hin- und Herverhandlungen die Zahl der „officiers des universités", 14 Pedelle, 24 Buchhändler u. s. w. festgesetzt, dabei auch bestimmt, daß für jede Diöcese des Königreichs und für jede fremde Diöcese, wo Studenten in Paris wären, nicht mehr wie je ein Großbote bestellt werden solle**). Ob die Großboten zuweilen postalische Rechte ausgeübt, ist nicht ganz klar, wie überhaupt über die Verhältnisse zwischen Groß- und Kleinboten manche Zweifel bestehen: im Allge-

---

*) Winkelmann die erste Staatsuniversität (Rectoratsrede) Heidelberg 1880.
**) Vitrier, IV. 447.

meinen scheint eine Theilnahme der Großboten an der Briefbeförderung nicht stattgefunden zu haben *).

Auch die deutschen Universitäten erhielten bei ihrer Begründung das Recht Boten zu halten: wenn diese Anstalten aber nicht zu solcher Entwicklung wie in Frankreich gelangten, so hatte dies wohl darin seinen Grund, daß bei uns das Städtebotenwesen sich mehr und mehr entwickelte. Doch gab es solche Universitätsboten in Heidelberg, Wien, Jena, Helmstädt. Die Geschichte der einzelnen Universitäten ist in dieser Hinsicht lückenhaft**). Noch gegen Ende des 17. Jahrhunderts curfirten zwischen Straßburg und Tübingen etliche Boten, von denen es in einer Verordnung von 1681 heißt, daß sie sich mit „denen disputationibus oder auch denjenigen Geldern, welche denen studiosis zu ihrer Unterhaltung übermacht werden, auch denen darüber besagenden Advisbriefen beladen" dürfen. 1735 richtete die Hannoversche Postdirection eine Botenverbindung zwischen Göttingen und Langensalza ein, welche „Universitätspost" genannt wurde.

Aus alledem geht hervor, in wie enger Verbindung Post und Universität zu allen Zeiten gestanden, ja wie verwachsen die Boteneinrichtungen am Ende des Mittelalters mit der Verfassung der Hochschulen waren. Die moderne Weltpost ist zu einem der bedeutendsten Träger der Cultur geworden, vor fünf Jahrhunderten mußten die Hauptträger der Cultur, die Universitäten, sich selbst ein Mittel für den Gedankenaustausch ad diversas mundi partes schaffen. Bei der gegenseitigen Ergänzung, welche sich diese Cultureinrichtungen gewährten, kann es nicht auffallen, daß sie sich in ihren Anfängen einander berührten.

Einen interessanten Beleg zu den oben gegebenen Ausführungen bietet uns auch die Geschichte der Heidelberger Universität. Im Copialienbuch derselben findet sich eine — bereits im elften Jahre des Bestehens der Hochschule — abgefaßte Urkunde vom 20. Juni 1397, welche uns genauere Auskunft über die Stellung der Universi-

---

*) Löper, a. a. O. S. 211 (gegen Flegler, Geschichte der Posten 1858) behandelt einen interessanten Streitfall.

**) Es wäre eine dankbare und für die einzelnen Universitätsbibliotheken bezw. Urkundensammlungen verhältnißmäßig geringe Arbeit, wenn man an jeder einzelnen Universität Abschriften der betreffenden über die Botenanstalten vorhandenen Urkunden nähme und eine Zusammenstellung derselben dem Reichspostamt, bezw. Reichspostmuseum übermittelte. Vielleicht bedarf es nur dieser Anregung, um die Vereinigung des gedachten Materials an dieser Centralstelle zu ermöglichen.

tätsboten ertheilt und welche wir statt weiterer Ausführungen hier
wortgetreu *) zum Abdruck bringen:

Reverendis in Christo patribus et dominis dominis Dei
gracia Moguntinensi Coloniensi et Treverensi archiepiscopis ac
eorum episcopis suffraganeis ceterisque prelatis ecclesiasticis
necnon illustribus principibus universis et singulis dominis
ducibus marchionibus comitibus baronibus militibus et armigeris communitatumque magistris et proconsulibus ac terrarum
et locorum quorumcunque advocatis scultetis et iusticiariis
districtuumque et passuum custodibus theolonariis datiariis
pedagiariis tgwidagiariis **) et gabellatoribus quibuscunque per
terram et aquam ubilibet constitutis, ad quos presentes
nostre litere pervenerint, Johannes de Noet, decretorum doctor
vicerector universitatis studii Heydelbergensis Wormaciensis
diocesis reverentiam debitam cum salute. Racioni congruit
illos, quos militans ecclesia in vinea sua laborare constituit,
favoribus prosequi graciosis et in eorum quibuscunque libertatibus conservare ut ipsi liberatos eorum fructus erudicionem
salutis eterne, aliis valeant participare. Cum itaque dilectus
nobis in Christo Nycolaus dictus Moer de Traiecto Leodiensis
diocesis predicte nostre universitatis nuncius et missagius
iuratus quem omnibus et singulis privilegiis, franchisiis et
libertatibus eiusdem universitatis gaudere volumus pleno
iure, ad diversas mundi partes pro diversis negociis magistrorum et scolarium eiusdem nostre universitatis peragundis destinatus tam per terram quam per aquam habeat
transire, vos omnes et singulos supradictos rogamus et in
domino exhortamur quatenus prefatum Nycolaum prelibate
nostre universitatis missagium seu nuncium juratum, dum
per terras loca civitates ac passus et districtus vestros transierit
cum rebus libris vestimentis et aliis bonis predictorum
magistrorum et scolarium atque suis eundo et redeundo ad
eandem nostram universitatem tociens quociens fuerit opportunum absque theolonii pedagii gwidagii et gabelle ac
cujuscunque alterius exaccionis onere ab omnipotentis dei

---

*) Aus dem Cod. Heid. 358, 59 fol. 39 V. (bei Hautz nur theilweise veröffentlicht).

**) Unaufgeklärter Ausdruck, etwa Zollwächter oder dgl.

santeque sedis apostolice reverenciam ac prefate nostre universitatis contemplacionem libere transire permittatis et, si indiguerit ac vos vel aliquem vestrum super hoc requisiverit sibi de salvo et securo conductu dignemini providere.

Datum Heydelberg predicte Wormaciensis diocesis sub sigillo rectoratus prenominate nostre Universitatis die vicesima mensis junii anno domini MCCCXCVII indiccione quinta pontificatus sanctissimi in Christo patris et domini nostri domini Bonifacii divina providencia pape noni anno octavo.

www.ingramcontent.com/pod-product-compliance
Lightning Source LLC
Chambersburg PA
CBHW020056170426
43199CB00009B/296